U0920063

京沪高速铁路建设总结

运营卷

《京沪高速铁路建设总结》编写组

中 国 铁 道 出 版 社

2 0 1 5 年 · 北 京

内容简介

本卷是《京沪高速铁路建设总结》中决策、建设、技术、运营四卷中的第四卷，主要总结了京沪高速铁路开通运营后，在委托运输管理模式下，京沪高速铁路股份有限公司做好资产管理、运输监管和安全监督，与铁路局协同一致努力建设标准示范线的工作情况，进一步论证了京沪高速铁路建设的必要和决策的正确。

图书在版编目(CIP)数据

京沪高速铁路建设总结．运营卷/《京沪高速铁路建设总结》编写组编著．—北京：中国铁道出版社，2015.12

ISBN 978-7-113-21246-9

Ⅰ．①京… Ⅱ．①京… Ⅲ．①高速铁路-铁路工程-工程建设-中国 Ⅳ．①F532.3

中国版本图书馆 CIP 数据核字(2015)第310106号

书　　名：京沪高速铁路建设总结　◎运营卷
作　　者：《京沪高速铁路建设总结》编写组

策　　划：田京芬　傅希刚　赵　静
责任编辑：杨　哲　黄　筱
封面设计：崔　欣
责任校对：王　杰
责任印制：郭向伟

出版发行：中国铁道出版社(100054，北京市西城区右安门西街8号)
网　　址：http://www.tdpress.com
印　　刷：北京盛通印刷股份有限公司
版　　次：2015年12月第1版　2015年12月第1次印刷
开　　本：889 mm×1 194 mm　1/16　印张：10　插页：1　字数：172千
书　　号：ISBN 978-7-113-21246-2
定　　价：75.00元

《京沪高速铁路建设总结》编写组

组　长　蔡庆华

副组长　吴　强　徐海锋

成　员　李兰波　尤忠涛　刘学文　翟建国

宋国伟　苗肖华　杨启兵　陈建东

专家组　王麟书　宋凤书　鞠家星　李广品

曹　菁

序

建设京沪高速铁路，是进入新世纪后，党中央、国务院着眼我国经济社会发展全局作出的重大战略决策。实施这一宏伟工程，对于推动我国高速铁路发展，加快形成铁路快速客运网，强化铁路在综合交通运输体系中的骨干作用；对于促进东部地区率先发展，推动经济社会持续健康发展，具有十分重要的意义。京沪高速铁路自2008年1月开工建设，于2011年6月30日顺利建成投产，是目前世界上一次建成里程最长、技术标准最高的高速铁路，也是新中国成立以来一次投资规模最大的建设项目，集中展示了我国的经济实力、科技水平和综合国力。

京沪高速铁路建成通车近四年来，实现了安全平稳运营，大大方便了人民群众出行，旅客发送量持续增长，年均增长近30%，2014年超过1亿人，并首次实现盈利，取得了显著的社会效益和经济效益。京沪高速铁路的成功建设和运营，为实现中华民族伟大复兴的中国梦增添了浓墨重彩的一笔。这一重大成就，得益于党中央、国务院的正确决策和坚强领导，得益于国家有关部门、有关省市党委政府的积极配合和鼎力支持，得益于广大科技工作者和十余万建设大军的拼搏奉献和奋勇攻坚。

为全面记载京沪高速铁路的决策和实施历程，展示工程建设成就、技术创新成果，以及投入运营后取得的显著社会效益和经济效益，大力弘扬京沪高速铁路精神，京沪高速铁路股份有限公司组织专家、学者，历时三年多、经过十余次重大修改，编撰完成了《京沪高速铁路建设总结》。该书由《决策卷》、《建设卷》、《技术卷》、《运营卷》组成。《决策卷》主要记述了原铁道部和相关部委为项目决策所做的大量前期工作和党中央、国务院的决策历程，《建设卷》主要记述了京沪高速铁路建设期间的工程实践，《技术卷》主要记述了京沪高速铁路建设取得的重要技术创新成果，

《运营卷》主要记述了京沪高速铁路建成后的运营管理情况和取得的显著成绩。

京沪高速铁路是一项伟大的决策，是一个宏伟的工程，其建设和运营经验弥足珍贵，是一笔宝贵的财富。《京沪高速铁路建设总结》予以全面记载，非常必要，很有意义。我们要充分借鉴和运用这些经验，科学有序推进我国高速铁路建设，为促进经济社会发展作出更大贡献。

中国铁路总公司党组书记、总经理 

目　　录

第四篇 安全监督

第五篇 设备维修

第六篇 效益显著

附 件

引　言

2011 年 6 月 30 日，京沪高速铁路开通运营，2013 年 2 月 25 日通过国家验收委员会组织的国家验收。投入运营以来，运行安全持续稳定，运能运量大幅上升，服务质量不断提高，京沪高速铁路以“安全、方便、快捷、舒适”的运行品质赢得了乘客的广泛赞誉。今天，高速铁路与载人航天、超级计算机、北斗导航卫星等一起已成为我国创新工程的标志性成就。

京沪高速铁路的开通运营，进一步完善了综合运输体系，优化和完善了铁路运输结构，同时也使铁路与其他交通方式之间优势互补，提供质量更高、更丰富的客运服务，满足旅客不同层次的需求，大大提高了通道内铁路运输能力，从根本上缓解了京沪通道运输紧张的状况，为东部地区率先实现现代化提供了可靠的运力保证。京沪高速铁路作为国家综合交通网的重要组成部分，也为国家应急交通运输提供了新的选择。京沪高速铁路已经成为“技术创新工程、质量精品工程、资源节约工程、环境友好工程、社会和谐工程”的代表，成为中国一张闪亮的“名片”。

把京沪高速铁路打造成为中国高速铁路的样板工程，是党中央、国务院的殷切希望，也是全国人民的热切期盼。京沪高速铁路股份有限公司（以下简称公司）作为项目法人，继续发扬“勇攀高峰，追求一流”的京沪高速铁路精神，把“管好用好京沪高速铁路，打造世界一流运行品质”作为工作目标，在中国铁路总公司领导下，在各股东单位支持下，按照委托运输管理的要求，积极探索全新的运营管理模式，全力做好资产管理、安全监督和运输监管工作，协同北京铁路局、济南铁路局、上海铁路局和中铁电气化局集团公司，共同努力为建设安全标准示范线、高效运营示范线、规范管理示范线而努力。

第一篇

经营管理模式与组织架构

CRH

第一篇　经营管理模式与组织架构

在京沪高速铁路建设中，为做好经营管理的准备工作，公司对京沪高速铁路采取何种管理模式展开了深入调研和专题研究。通过研究分析京津城际和武广高铁等已经开通运营的客运专线公司的经营管理方式和经验，公司形成了委托运输管理模式的方案意见。经董事会与股东大会审议批准后，公司分别与北京铁路局、济南铁路局、上海铁路局经过会商签订了委托运输管理的协议。

一、委托运输管理模式的比较优势

在京沪高速铁路运输管理模式调研中，也有自己组建队伍自己管理的意见，但经过研究、分析、比较，大家统一了思想认识。委托沿线铁路局管理，其主要优势在于以下几方面。

1. 有利于充分利用相关铁路局既有资源

京沪高速铁路的高效运输，需要车务、机务、工务、电务、车辆、调度指挥等部门的统一协调、密切配合。公司若自行管理，首先需自己组建一个庞大的门类齐全的管理系统。而属地铁路局拥有成熟、系统的运营经验和相关设备设施的维修人员及经验。委托运输管理可充分发挥铁路局在人员、设备、技术、经验等方面的优势，减少公司自行管理组建队伍带来的各种问题，降低运营成本。

2. 有利于确保运输安全

要确保京沪高速铁路安全运营，必须由具有专业经验的管理者，通过建立严密的安全保障体系，保障运输安全。铁路局具有铁路行业安全管理和监督监察职能，具有长期进行运营安全管理的人才和经验，有配套完善的安全规章制度和应急保障机制等，将京沪高速铁路委托铁路局管理，有利于发挥铁路局安全管理的特长和优势。

3. 有利于充分发挥京沪高速铁路的运输能力，提高运营效益

京沪高速铁路是全国铁路网的重要组成部分，采用本线列车和跨线列车共线运行，与其他客运专线、既有线有多处衔接。采用委托运输管理模式，通过调动相关铁路局的积极性，更好实现全路路网统一运输组织，充分发挥路网整体资源优势；有利于加强京沪高速铁路与全路路网的协调，最大限度发挥京沪高速铁路运输能力，实现京沪高速铁路运输能力利用的最大化。

综上所述，京沪高速铁路采取委托运输管理模式，能够就地利用铁路局资源，充分发挥运输集中统合优势，实现运输能力优化利用和股东利益最大化目标，这应是最佳选择。

二、委托运输管理协议

2010 年 9 月 17 日，京沪高速铁路股份有限公司第一届董事会第七次会议审议通过《关于京沪高速铁路委托运输管理方案意见的报告》。2011 年 5 月，公司分别与京沪高速铁路沿线的北京、济南和上海三个铁路局签订委托运输管理协议，将京沪高速铁路的运输组织、运输设施设备管理、运输安全生产等铁路运输工作以及与铁路运输工作密切关联的铁路用地管理、旅客延伸服务等业务分区段分别委托三个铁路局管理。委托运输管理的各专业系统管界以原铁道部《关于京沪高速铁路专业管界划分的意见》(铁运〔2011〕32 号) 规定为准。

委托运输管理协议的内容主要包括以下事项。

1. 运输组织管理

运输组织管理包括客运组织、客运管理、行车组织、调度指挥、列车开行方案、运输计划等。公司不设调度台，运输调度由路局集中调度指挥。

2. 运输设施设备管理

运输设施设备管理包括车站、线桥隧涵、通信信号、牵引供电、电力、给水、铁路房建、信息系统以及相关安全设施设备的使用、维护维修和建筑限界检测、路内外其他设施设备与铁路交叉的审批等工作。其中应属于特别约定的事项，按特别约定处理。

3. 运输移动设备管理

运输移动设备管理包括机车、车辆、动车组及必要的自轮运转设备的维护、修理、

运用管理等。

4. 运输安全生产管理

运输安全生产管理包括行车安全、设备安全、劳动安全保障和铁路线路安全保护区建设和管理等工作。

5. 铁路用地管理

铁路用地管理包括委托范围内铁路运输生产用地、辅助生产用地和特殊用地的日常管理，主要为铁路用地的守护、巡视等日常管理工作；制止、纠正违法违规用地行为；铁路用地桩界的埋设、补设及日常养护维修等。如有特别约定的事项，按特别约定处理。

6. 其他内容

其他内容包括统计、路风及旅客投诉、巡线护路、综合治理、安全保卫、消防等应由路局承担的与本委托运输管理协议相关的业务。

京沪高速铁路精测网复测、沉降观测、构筑物变形测量及线路复测、轨道动态检测等如需由第三方承担的项目，由公司会同路局与相关业务的承揽方签订专项委托管理协议。

京沪高速铁路本线运营列车的客票价格、杂费等客运收费，由公司按照国家规定的铁路运价审批程序报批，路局按照公司依据有关批准文件决定的运价方案执行。路局可以根据实际情况和市场变化，提出委托运输管理范围内价格的调整、浮动或优惠方案建议，提交公司。实施方案经批准或公司决策后，由公司委托路局对外发布。路局在委托运输管理范围内执行对外发布的价格方案。

三、委托运输管理下的公司组织架构

京沪高速铁路开通运营后，为适应委托运输管理需要，公司认真研究职能定位，按照管理内容和责任，厘清内部职责，及时建立健全了公司运营期委托管理下的组织架构。

（一）组织机构设计

2013 年 2 月 25 日，京沪高速铁路顺利通过国家验收，标志着京沪高速铁路工程建设画上了一个圆满句号。为加快公司由建设向运营转型发展，准确把握新形势、新机遇对公司发展提出的新任务、新要求，在委托运输管理模式下，公司围绕“资产管理、安全监督、运输监管”定位，主动开展调查研究，与科研院校就公司运营期组织架构、职能定位等课题进行了研究，逐步形成了公司在转型运营后的基本职能和组织框架意见。

（二）机构设立和过渡

公司为适应运营期管理需要，积极推进公司转型。2013 年 9 月，根据中国铁路总公司（以下简称总公司）关于撤销京沪高速铁路建设总指挥部通知精神和调整内设机构原则意见及公司第一届董事会第十一次会议决议，将公司建设期五个内设部门（综合管理部、计划财务部、工程管理部、安全质量部、物资设备部），调整为运营期五个内设机构〔综合管理部（党群工作部）、计划财务部、经营管理部（后改为运输管理部）、设备管理部、安全监督部〕；为加强与铁路局的沟通联系，撤销建设期的五个现场建设指挥部（天津、济南、蚌埠、南京和苏州指挥部），在路局所在地分别设立驻北京铁路局办事处、驻济南铁路局办事处、驻上海铁路局办事处；为开展公司商业经营开发工作，设立一个筹备机构为实业开发公司筹备组。综合管理部与党群工作部，为一个机构两块牌子。公司研究制定了“三定”方案，有序完成定职能、定岗位、定编制工作，明确了运营期机构的职能定位、责任分工和工作流程，使转型工作顺利到位。

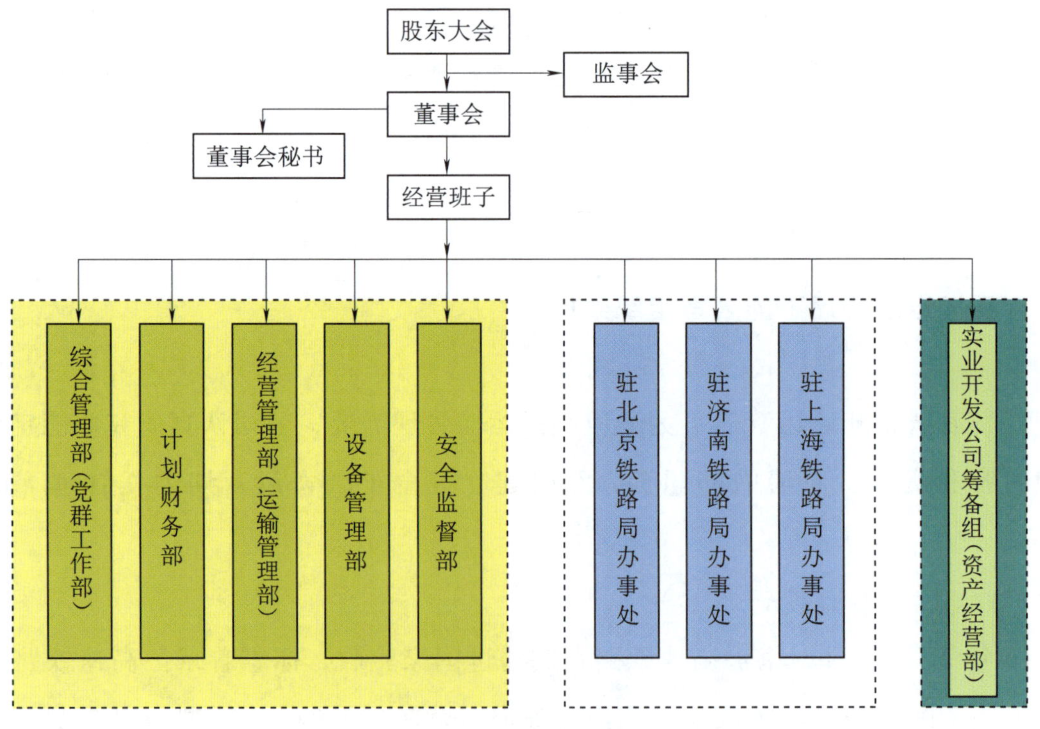

京沪高速铁路股份有限公司组织机构图

（三）部门职责和岗位责任

公司组织各内设机构和驻铁路局办事处对照运营期的职能定位，不断细化部门职责和各岗位责任，明确内部分工，理顺工作流程，同时根据公司发展需要和委托运输管理形势变化，及时对部门职能进行优化和调整，进一步理顺部门职能和权责关系，为提高运营期工作效能奠定基础。公司内设机构和分支机构主要职能如下。

1. 综合管理部（党群工作部）

综合管理部主要承担行政事务管理、企业宣传策划、办公事务管理、人力资源管理、法律事务管理、信息化建设、档案管理和董事会、监事会相关等工作。组织拟订公司发展战略和规划。承担公司党委、纪委和工会日常工作。

2. 计划财务部

计划财务部负责资产管理。提出重大固定资产购置和重大资产处置意见。负责对外投资股权及其权益管理。拟订资本运营方案。承担基本建设、更新改造和大修等项目计划管理。承担公司预算管理、收入和成本管理、资金管理、会计核算、能源管理、合同管理、统计管理和招投标管理等工作。按制度规定开展内部审计，配合外部审计工作。

3. 经营管理部（后改为运输管理部）

经营管理部主要参与公司运输产品设计和运行图编制、营销方案策划、品牌建设规划、服务质量监督、站车服务标准执行情况检查、运价政策研究、租赁动车运用管理及营运数据分析维护等工作。承担旅客服务设备维护监督工作。

4. 设备管理部

设备管理部负责落实高速铁路设施设备养护维修技术标准，监督受托单位完善养护维修机制。拟订专业设备委托维修养护管理协议，监督和考评协议的执行情况。监督、检查设施设备运用状态。承担基本建设、设施设备大修、更新改造及专项整治等项目技术审核工作并监督检查执行。落实相关安全监督工作。审核车站商业改造方案。组织高速铁路新技术的研究、设施设备寿命周期管理、科研管理，监督环保水保管理、沿线绿化和土地管理等工作。

5. 安全监督部

安全监督部负责牵头梳理公司源头性安全风险源。组织监督受托方安全管理工作，监督安全生产费使用情况。承担应急管理信息、安全信息收集，推广应用有利于运营安全的新技术、新方法和先进经验等。承担安全生产委员会日常工作等。

6. 实业开发公司筹备组（后改为资产经营部）

实业开发公司筹备组承担公司多元化经营策划研究，资源开发、管理的组织工作，负责上述工作的统筹规划、组织协调、项目督办和落实。

7. 驻铁路局办事处

驻铁路局办事处承担工程建设指挥部未完工作，代表公司履行区段管理职责，协调地方关系，建立与铁路局设备维修管理的工作协调机制，承担现场安全监督检查，落实总公司和公司专项整治、安全检查有关工作，协助公司有关部门做好资产核定和土地管理等相关工作。

第二篇
资产管理

第二篇 资产管理

公司作为项目法人，履行资产管理职能。厘清公司资产边界，在委托运输管理模式下，明确责任分工，理顺管理和使用的关系，逐步建立和完善设备维修管理机制，为确保京沪高速铁路运营安全和建立正常运输秩序打好基础。

一、资产管理关系

1. 明晰资产边界、厘清产权关系

京沪高速铁路开通运营后，公司以京沪高速铁路建设工程概算清理范围为基础，对整个建设投资范围内的资产进行了全面清理。经过清理，有的工程按照铁路整体路网规划，先期安排与京沪高速铁路同步建设，建成后需要明确接收主体；有的工程内容与国家发改委批复的项目可研报告范围和公司章程确立的范围不完全一致；有的工程属于还建内容，建成后资产需要移交原产权单位；有的工程属于市政配套，建成后资产需要移交地方管理。此外，公司还对征地拆迁范围进行了清理，对多主体占用同一宗土地按照对应主体切割划分。通过上述清理，公司本着资产完整，有利于管理、明确产权和经济关系的原则，提出了资产调整建议方案。

公司资产调整方案经董事会、股东大会讨论，并获得通过。建议方案报总公司研究后，正式下发了关于京沪高速铁路公司资产范围有关问题的指导意见。为规范资产调整操作行为，总公司计统部、财务部牵头，由总公司有关部门人员、路局有关人员、公司有关人员和公司股东代表组成，成立了京沪高速铁路资产调整联合推进工作组。其主要职责是：提出资产边界方案；制定资产评估方案；经各有关单位授权选定评估机构；协调资产边界界定、资产评估、资产处置过程中的相关事宜。

2013 年 11 月 22 日，在北京召开了京沪高速铁路资产调整联合推进工作组第一次会议。会议通过了推进工作组工作机制，明确了议事规则、表决方式；成立了资产评估机构选聘小组，负责公开聘请资产评估事务所。同时确立，本次划转资产、按照资产评估价实行有偿交易等事项。

通过各方的参与，历时一年多的努力工作，先后完成了资产清查、资产评估、评估备案、划转合同签订、资产移交等工作，截至2014年底全部完成了京沪高速铁路资产调整相关工作，公司资产边界、产权关系基本理顺，为公司的规范管理奠定了基础。

2. 健全资产管理体系，保障实物资产安全完整

京沪高速铁路实行委托运输管理模式，致使资产所有权与使用权和日常维护责任相分离，这给资产管理工作带来了一定的难度。为了实施资产有效管理，确保资产安全、完整，公司一直致力于建立健全资产管理体系。

（1）建立资产管理台账

按照资产管理要求，以竣工资料为依据，分层次分专业建立了各项资产管理台账、检修机具设备台账，明确资产的相关分界。按照总公司确定的资产划转原则和范围，公司与三个铁路局及其站段、相邻的五个客专公司进行对接，共同明确资产边界，对实物资产进行现场核对确认，确保京沪高速铁路资产边界清晰、资产价值完整。

（2）保全实物资产

公司按照资产管理的需要，制定形成了《京沪高速铁路股份有限公司土地管理办法（试行）》、《加强对沿线与京沪高速铁路交叉工程及设施设备监督管理工作的意见》、《京沪高速铁路股份有限公司交叉工程与设施设备专业技术监督管理指导意见（试行）》等系列管理办法和措施。各路局及站段按照委托运输合同也建立起设备履历，实施设备全寿命管理，研究设备特点和维修规律，延长设备寿命，挖掘资产潜力，不断改进资产利用情况，降低维修成本。

3. 明确设备大修、更新改造管理职责和关系

委托运输管理协议明确规定，公司应保障设备安全有效投入。合理安排设备安全投入资金是公司义不容辞的责任和义务。明确设备大修、更新改造内容、范围、标准和管理办法，是确保有效投入的前提。

（1）制定大修、更新改造管理办法

高速铁路设备大修、更新改造办法无前例可循，公司组织学习调研，研究了既有线的有关规定，借鉴了已开通客专、城际铁路的有关办法，于2013年分别制定了《京沪高速铁路股份有限公司运输设备大修管理实施办法（试行）》、《京沪高速铁路股份有限公司更新改造计划管理实施办法（试行）》。不但规定了京沪高速铁路设备大修和更新改造的内容、计费标准、验收办法，而且明确了工作流程和委托、被委托双方的工作界面和分工。公司会同路局召开专题会议讨论研究，统一了认识，并就落实好大修、更新改造管理办法达成了一致意见。

（2）建立沟通机制，不断完善办法

针对大修、更新改造内容的逐年增多和实施过程协调暴露的问题，公司给予高度重视，一方面主动与路局对口管理部门联系，建立定期沟通机制，及时协调解决实施中的问题；另一方面与路局一道实事求是分析双方在管理方式和认识差异上的问题，进一步完善管理办法。公司着重把握“遵守委托运输管理协议基本条款，尊重路局既有管理模式”的原则，将公司工作环节重点定位在“定规模、督过程、查结果”上。定规模，就是公司根据需要主导年度项目立项和投资规模；督过程，就是公司监督检查项目实施进度和质量；查结果，就是参与竣工验收工作，确保有效投入。工程的管理过程全权委托路局，由路局比照其内部工程管理规定实施。通过办法的完善，提高了工作效率，推进了工程的实施。

二、收支管理

收支管理是公司日常经营管理的一项中心工作，做好收支管理工作，对实现公司经营目标，确保公司持续健康发展具有重大意义。京沪高速铁路开通运营后，公司不断探索委托运输管理模式下收支管理的有效方式，一是建立了收入管理体系；二是以全收入、全支出理念为指引，全面梳理公司各项收支项目，按项目实行预算管理与控制；三是健全收支基础数据，推进收支精细化管理。

（一）收入管理

1. 建立收入管理体系

京沪高速铁路开通运营后，针对委托运输管理模式，公司按照《铁路运输进款清算办法》，在路局支持下，建立了收入管理体系，其核心内容是：运输收入（进款）委托管理，营业收入清算取得，资金轧差结算。

（1）运输收入（进款）委托管理

按照原铁道部《关于实行委托运输管理的合资铁路公司运输收入委托管理工作的指导意见》（铁财〔2010〕243号）精神，公司、路局双方协商签订了《京沪高速铁路运输收入委托管理专项协议》。协议中将运输收入专户管理、运输进款管理与核算、运输收入票据管理、运输收入稽核等工作委托路局管理。同时，对委受双方的管理工作界面、权利和义务给予了具体明确。《京沪高速铁路运输收入委托管理专项协议》规范了路局、公司运输收入（进款）的管理与核算。

（2）营业收入清算取得

公司营业收入主要包括三部分：一是客运票款收入；二是提供客运路网服务收入；

三是客运其他收入。其中客运票款收入和提供客运路网服务收入通过中国铁路总公司清算中心清算取得，客运其他收入以路局收入部门编制的收入报表为依据，直接从路局结算取得。在营业收入清算工作中，公司重点强化对清算工作量和清算数据的核实工作，确保数据完整、准确。

（3）资金轧差结算

中国铁路总公司清算中心每月按照公司清算收入、清算付费数据进行轧差，根据轧差结果支付资金。

2. 细化收入项目

公司主营业务采用“担当＋提供路网服务”的经营方式，即京沪高速铁路本线车由公司作为收入主体；跨线车由公司提供路网服务，收取路网服务费。在这种经营方式下，公司的经营收入除包括客运收入、提供服务收入等主营业务收入外，还应包括以资产所有权为基础而产生的资产所用权让渡、资产开发增值等其他业务收入。为了加强收入管理，公司按照主营业务收入、其他业务收入两条管理主线，以“站、车、线、所”资产为单元，分单元细化收入项目，编制出了全收入项目细化表。“站”单元主营业务收入项目包括车站旅客服务、售票服务、列车上水、站补、退票手续费等其他客运收入，其他业务收入项目包括商业经营、广告经营、房屋出租等收入；“车”单元主营业务收入项目包括客运票款收入、列车补票收入、补票手续费等客运收入；“线”单元主营业务收入项目包括线路使用费、接触网使用费等收入，其他业务收入项目包括沿线土地出租、通信铁塔出租、管线沟槽出租以及土地等资源开发等收入；“所”单元主营业务收入项目包括动车所走行线路使用费、接触网使用费等收入，其他业务收入项目包括各配变电所转供电收入。

项目细化表列明每项收入收取的依据、工作量、费用标准等内容。公司按照项目细化表实行分项管理，分项落实管理部门责任，确保了收入的完整、准确。

3. 建立收入预算管理与控制机制

（1）明确预算管理责任

收入项目细化表是公司收入管理工作的重点。按照全面预算管理要求，公司将收入项目细化表中的项目一一对应落实责任部门，形成《京沪公司收入预算项目及责任分解表》，并以文件下发贯彻落实。各部门每年按照《京沪公司收入预算项目及责任分解表》编制收入建议预算，财务部门按照《京沪公司收入预算项目及责任分解表》逐项下达执行预算。

（2）制定增运增收措施，确保完成收入预算目标

为了确保完成收入预算目标，公司在全面分析影响收入的各项主要因素的基础上，从运行图产品优化、客运营销对策、客运服务质量、客运课题研究、收入信息五个方面，制定了增运增收措施，各项措施落实责任全部对应到部门。

（3）把住源头，确保收入清算数据完整、真实

公司对收入清算数据实行“运输、统计、收入”三位一体核对制度，即运输部门列车运行信息、统计部门统计信息、财务部门价格信息统一汇集，相互核对。财务部门根据三方面的信息形成清算数据核对基础信息库数据，每月将清算数据核对基础信息库数据与中国铁路总公司清算中心下发的清算数据核对，发现差错及时向清算中心反馈，通过反馈纠正，确保了收入清算数据的完整、真实。

（4）建立收入预算考核激励机制

公司建立了以收入预算目标为主要指标的全员绩效考核办法，每月召开一次薪酬小组会议，对收入预算完成情况进行考核，根据考核结果确定绩效薪酬。

（二）支出管理

1. 细化支出项目，实施分类管理

公司采用委托运输管理模式，主要生产支出发生在受托单位，这给支出管理带来一定的难度。为了提升成本费用管理有效性，真正把节支降耗工作落到实处，公司根据自身生产经营管理过程特点，将全部支出项目进行细化，形成《京沪公司全支出项目细化表》。同时，按照支出项目费用的性质和各部门对应的管理职能，实施分类管理、分类负责：固定资产折旧、财务费用、公司管理费用由计财部负责管理；动车组牵引电费、生产用水用电用气、设备大修、设备重点整治等专项费用，按照专业分工，由业务部门负责管理；委托运输管理费用，实行计财部总牵头分专业负责管理。

2. 建立支出预算管理责任

全支出项目细化表是公司支出管理工作的聚焦点。按照全面预算管理要求，公司将全支出项目细化表中的项目预算责任一一落实到部门，由责任部门管理控制，形成《京沪公司支出预算项目及责任分解表》，并以文件下发贯彻落实。各部门每年按照《京沪公司支出预算项目及责任分解表》编制支出建议预算，财务部门按照《京沪公司支出预算项目及责任分解表》逐项下达执行预算，充分发挥了专业部门在成本费用管理中的作用。

3. 采取节支降耗措施，压缩成本支出

公司按照全面预算管理要求，以《京沪公司全支出项目细化表》为内容编制并下

达支出预算。同时，结合成本费用管理控制重点难点，从资金成本控制、直接生产费控制、管理费控制、委托运输管理服务费控制四个方面，制定了节支降耗措施。

通过节支降耗举措的落实，取得了显著效果。例如：在电费管理方面，一是按照资产范围，全面梳理供电界面，确定用电主体，按不同用电主体分别增设分表计量管理；二是针对牵引电费负担过重的问题，协调地方电力公司，将原先按照容量法缴纳基本电费的方式全部变更为最大需量法缴纳方式；三是掌握牵引用电量动态，按照最大需量法原理，研究、分析列车密度与电费变化关系，及时调整各区段最大需量值。上述措施落实后，公司牵引电费综合单价逐年下降。在财务费用管理方面，公司实施“降存量、调结构、提效益”举措，每年节约财务费用 2 亿多元。降存量就是强化债权清缴力度，细化资金预算，合理安排经营中的沉淀资金提前归还高息贷款，使贷款存量逐年下降；调结构就是发挥公司良好信用优势，协商银行给予下浮贷款利率优惠政策，利用优惠政策适度增加短期低利率贷款，用短期低利率贷款提前归还高利率长期贷款，实现优化存量贷款结构、降低存量贷款平均利率的目的；提效益就是与银行建立合作关系，通过签订协议存款，提高活期存款利息，增加存款利息收入。

4. 规范委托付费结算，建立付费项目标准

委托运输管理费用是公司的最大成本支出项目，也是公司成本管理与控制的难点所在，其范围界定和费用结算标准一直是委受双方争议的焦点。为了规范委托运输费用结算，中国铁路总公司下发了《中国铁路总公司关于确定铁路局与控股合资铁路公司委托运输费用的指导意见》(铁总财〔2014〕51 号)，其对于确定委托运输费用起到了积极作用。公司通过学习、研究《中国铁路总公司关于确定铁路局与控股合资铁路公司委托运输费用的指导意见》，充分把握其精神，意见中有明确范围和标准的，公司坚决贯彻执行；对需要委受双方协商确定的，公司逐项梳理，主动与受托路局沟通协调。

为了合理核定委托运输费用，公司多次组织人员走访路局、调研站段，并与路局共同研究，基本达成了费用结算的原则，主要包括：《中国铁路总公司关于确定铁路局与控股合资铁路公司委托运输费用的指导意见》有标准的按标准定额结算，如动车组租用费、间管人员人工费、间管费；车站服务费用列清单核实结算；工务、通信、信号、电力和动车组运行等直接生产费用按工作量核定定额结算；设备大修、一次性专项费用按确定的预算结算；生产人员人工费由双方劳资部门核定人数和工资标准结算。

在路局的大力支持下，公司积极推进直接生产费定额核定工作。在核定过程中，一是路局与公司共同委托中路华会计师事务所对 2011 年、2012 年实际支出进行审计核实；二是结合 2012 ~ 2013 年历史成本数据分析各个路局合理支出水平。在上述两项工

作的基础上，通过与路局沟通，目前基本建立了工务以线路延长公里、通信以换算皮长公里、信号以换算道岔组数、牵引供电以接触网公里、电力以电力线路公里为工作量的直接生产费用结算定额，全线三个受托路局直接生产费基本实现统一的结算标准。

及时支付运营资金，确保运输生产资金需要。公司采用月度预付、季度结算、年度总签协议的方式支付运营费资金。即每月按照上年度平均水平预付资金，每季末双方按项目结算签订结算单，年末按照全部项目总结算数签订委托运输服务费结算协议。

（三）健全基础数据

委托运输管理模式下，合资公司不直接参与运输生产指挥，这对推进企业收入、支出精细化管理带来挑战。通过实践探索，公司认为健全基础数据有利于深化收支管理工作，只有全面掌握生产经营数据，才能实现全收入全支出的精细化管理。几年来，公司高度重视基础数据收集、汇总、分析管理工作，充分挖掘数据来源渠道，紧紧依靠铁路总公司、路局信息资源，与铁科院建立合作关系，建立数据信息系统。在铁路总公司、铁路局运输和统计部门的大力支持下，公司为及时获得相关数据信息，建立了静态信息库和日况动态信息库，使每日列车运行信息、运输工作量和经营指标等数据及时得到反映。公司利用上述数据，日常经营分析实现了定性与定量的有机结合，为收支动态管理和科学决策提供了依据。如以车为对象，建立保本点测算模型，通过量化收入、支出分析，为优化列车开行方案提出建议。

（四）建立经济活动分析会议制度

公司转入运营后，及时建立了经济活动分析会议制度，制定了公司经济活动分析管理办法。按照办法，每季度及时召开经济活动分析会议。分析会议重点分析运输生产经营完成情况、运输效率情况、财务预算和业务预算（计划）执行情况；多元经营开发及经营收入完成情况；投资（基本建设、更新改造）完成和控制情况；资金来源和运用情况；前期提出的工作要求和措施的落实完成情况；总结经验和做法，分析存在的困难、问题及其产生原因。班子成员分别对经营活动情况进行点评。同时，会议针对分析中提出的问题，提出下一步将采取的主要措施，并安排部署后期重点经营管理工作。

三、客站商业经营管理

1. 客站商业经营管理理念

京沪高速铁路客站商业经营既是高铁资产经营管理的重要内容，也是高铁客运服务的重要组成部分，与旅客运输、安全、服务密不可分。按照运输委托管理的总体要求，

“坚持与客运服务相辅相成、协调发展、一体化管理”的原则，本着枢纽站“求效益、创品牌”、中间站“保服务、完功能”的经营理念，在满足和补充客站配套服务功能和旅客需求的基础上，积极开展客站商业经营活动，充分挖掘客站资产的商业价值，创建京沪商业服务品牌。

2. 客站商业经营管理模式

按照委托运输管理要求，依据铁路总公司《关于规范京沪高速铁路客站商业资产经营开发工作的指导意见》(铁总办开发〔2014〕90 号)，为规范经济关系、依法合规实施客站商业经营，经调研论证，充分考虑发挥路局属地经营管理优势和实现资产保值增值等因素，在协商一致的基础上，经董事会批准，采取合作共赢、共同招标（租）、共享利益、共担风险的委托经营模式。公司以协议方式分别委托北京、济南和上海铁路局负责属地京沪高速铁路客站商业资产经营开发业务。各属地铁路局按照一体化管理要求，建立了较为完整的客站商业经营管理体系，形成了规划招商、合同签订、设备设施更新改造等相关管理制度办法。公司建立完善了商业规划审批、共同招商、经营监督、收益分配等管理制度，推进客站商业经营开发与客站运输服务协调发展，做强做大客站商业，共同创建京沪服务品牌。

3. 客站商业经营成效及特点

公司和受托铁路局创新机制，形成合力，客站商业在创建品牌，提升服务品质，服务运输主业，完善客站服务功能等方面发挥了越来越重要的作用。京沪高速铁路客站商业资产经营已初具规模，各站业态比较完善、布局较为合理、实施专业化管理、经济效益和社会效益得到显著提高，成为运输服务功能的有益补充，在提升客站形象与优质高效地推动商业经营相融合发展方面取得了实效。

（1）高标准规划，创建高铁客站商业服务品牌

在铁路总公司的统筹协调下，公司与铁路局对全线二十四座客站进行了整体规划、统一布局、完善服务功能，目前总体商业面积开发率达 73% 以上，形成与客站运输业务相协调的较为完善的客站商业服务体系。各路局建立起精干高效的管理团队，建立健全商业经营管理、安全服务及监督管理等相关制度办法，定期开展现场联合检查，逐步形成有效的工作交流和对接机制，在保证安全、完整、功能的基础上，开发利用商业资源，做到依法经营、有序管理，实现与运输经营和谐发展，形成齐心协力共创品牌的良好氛围，提升了京沪高速铁路品牌价值。

（2）业态布局特点明显，结构日趋科学合理

京沪高速铁路沿线各站在业态选择中各有侧重，其中，枢纽站的业态功能侧重于

“求效益、创品牌”，而中间站的业态功能则侧重于“保服务、完功能”。目前，各大型枢纽站业态齐全，中间站全部设有方便旅客的各式便利店、餐饮店、金融便利服务等，广告设置美化了候车环境、旅客通道走廊，让旅客置身高铁站有一种体验时尚现代感的享受。

（3）经营方式灵活，经营效益显著

各局均采用公开招标方式，出租商铺场地。在日常经营管理上，也采用了较为先进的管理方式来增收创效。如上海铁路局设立了闵行分公司专门负责上海虹桥站的经营管理，不仅从商业规划入手，整体设计运作，打造出了富有上海特色的商业品牌集群，而且采用与商户经营情况挂钩的“保底租金 + 营业收入比例分成”经营模式，应用 ERP 统一收银信息管理分析系统，确保了经营收入大幅提高，树立了良好的高铁客站新形象，为旅客提供了舒适、优美、便捷的候车环境，促进了服务质量的提高，为实现公司的盈利目标做出了一定贡献。

第三篇

运输监管

CRH

第三篇　运 输 监 管

高速铁路运输管理是一个新的课题，尤其是京沪高速铁路旅客运输全过程委托铁路局执行和管理更是一个全新的问题。公司对受托双方管什么、怎么管，进行了深入探索。

一、运输管理与运输监管关系

1. 依据委托运输管理协议，在铁路总公司集中统一指挥下，京沪高速铁路公司委托北京铁路局、济南铁路局、上海铁路局分别负责所属区域范围内京沪高速铁路的日常运输组织工作，包括客运组织、客运管理、行车组织、调度指挥、列车开行方案、运输计划以及规定的客运服务。具体工作内容包括：

（1）客运营销策略的制定与实施；

（2）旅客列车开行方案的编制；

（3）站车客运人员劳动组织和管理；

（4）列车、车站旅客服务（含列车保洁服务）和乘降组织；

（5）列车乘务组织管理；

（6）旅客运输和服务质量管理；

（7）旅客人身意外伤害和自带行李损失的处理；

（8）站车客运配套设施设备的维护管理。

2. 公司依据委托运输管理协议对铁路局运输管理实施监管，监管内容包括运行图列车开行方案、客运营销策略制定和实施工作、客运服务质量、站车服务品牌建设及客服系统设备设施的维护管理等。

3. 2011 年 6 月 30 日京沪高速铁路开通运营后，为适应公司工作转型需要，公司组建经营管理部，后根据其职能职责的细化，改为运输管理部。运输管理部作为公司职能管理部门，负责与铁路总公司和铁路局运输管理相关部门的工作联系协调，实施运输监管职能。具体工作内容包括：

（1）参与公司运输产品的设计和优化，提报运行图优化调整建议方案；

（2）组织客运市场调查，分析客运市场需求，提出营销策略和方案的优化意见，并推进组织实施；

（3）协调春运、暑运和节假日运输，提报春运、暑运和节假日运能安排和临客开行方案；

（4）协调站车服务品牌规划与建设；

（5）依据铁路总公司客运管理规章规定和管理办法，检查、监督、考核和评价铁路局站车服务质量；

（6）负责监督客服系统设备设施的使用，掌握客服系统设备设施运用维护状态、落实客服系统设备设施维护维修责任，审定其更新改造计划并督促推进落实；

（7）负责公司营运数据采集、统计和分析，建立并维护公司运营数据信息系统。

二、运输产品设计和方案优化

1. 建立运行图方案优化协调机制

运行图编制及方案优化是公司运输产品设计的重要工作内容。在铁路总公司指导下，经过多方共同努力，公司与铁路总公司、相关铁路局运行图优化调整工作协调机制已初步建立。原铁道部曾于2013年就京沪高速铁路运行图编制及方案优化召开专题会议，并下发会议纪要明确：京沪高速铁路基本运行图的调整由北京铁路局、济南铁路局、上海铁路局征求京沪高速铁路公司同意后，向部报送建议方案；京沪高速铁路公司按程序决策的意见书面报铁道部运输局；铁道部运输局根据铁路局提报的旅客列车开行方案建议和京沪高速铁路公司的意见，结合客运需求和路网能力，在确保效益最大化的前提下，统筹确定京沪高速铁路旅客列车开行方案；运行图实施后，受托铁路局应将列车开行的实时信息（运行图的变更、临客的开行、交路的变化等）通知京沪高速铁路公司。会议纪要明确的相关内容确立了公司在运行图调整优化工作中的话语权。京沪高速铁路开通运营三年多来，公司在参与京沪高速铁路运行图编制及方案优化工作中发挥了积极作用。这是合资铁路公司探索运输委托管理模式下做好方案优化和运输监管的一个积极实践。

2. 开展运行图架构研究

京沪高速铁路开通运营后，公司就京沪高速铁路客运营销和相关运营政策组织了若干课题研究。

（1）与北京交通大学开展“京沪高速铁路客流基本规律、客运产品评价和开行方案的调整优化与研究”的课题研究，该项目研究为京沪高速铁路能力利用、市场需求分析和产品市场定位提供了更为精确的数据支撑。

（2）与中国铁道科学研究院（以下简称铁科院）开展“客运产品营销数据分析与辅助决策技术支持系统”课题研究，提出并建立了公司运营数据系统分析与专题分析模块方案，为公司营销策略调整、特惠票价方案和以市场需求为导向的运行图优化方案提供了支持。

（3）与西南交通大学开展“京沪高速铁路列车运行图编制创新型理论与技术研究”的课题研究，该课题在深入研究京沪高速铁路功能定位、运输组织模式、开行方案的基础上，突破既有的高速铁路列车运行图编制方法，考虑不同速度匹配条件下，基于路网和区域背景，在吸收“格式化”运行图编制思想基础上，重点研究“网格化”运行图编制理论与技术方法，从而研究提出创新型的京沪高速铁路运行图编制理论及技术方法，进一步优化了京沪高速铁路列车运行图编制。

3. 运行图方案优化成果

京沪高速铁路自 2011 年 6 月 30 日开通运营以来，为适应市场变化和客流不断增长的需求，运行图产品设计经历了数次优化调整的过程，运行图产品设计和优化调整取得显著成果。

（1）初期架构运行图

2011 年 6 月 30 日京沪高速铁路开通运营初期，全线共开行列车 90 对（图定能力 15.5 万人），其中本线列车 57 对。该图确立了京沪高速铁路整点车、停一站车、停两站车和停多站车等本线列车开行架构，该架构作为京沪高速铁路本线客运产品的基础在日后数次调图中被不断完善。

（2）分号运行图

2011 年“12·12”运行图，京沪高速铁路实施日常、周末、高峰的分号运行图，根据每周和不同时期的客流规律，调整列车开行列数。分号运行图是京沪高速铁路运行图产品设计以市场为导向、优化运力资源配置的一个重要突破。

（3）2012 年“12·12”运行图

合蚌线开通，京沪高速铁路新增北京南—合肥、济南西—合肥、青岛—合肥、上海虹桥—合肥跨线列车。调图后，京沪高速铁路共开行列车 105 对（图定能力 18.6 万人），其中本线列车 56.5 对。京沪高速铁路跨线列车开行比例由开通时的 36.7% 上升到了 46.2%。

(4) 2013 年“7·1”运行图

宁杭、杭甬客专开通，京沪高速铁路实现了与沿海铁路的全面贯通，新图新增了宁杭、杭甬方向跨线列车。此次调图是京沪高速铁路开通运营两年后一次变化较大的调图。通过此次调图，确立了京沪高速铁路核心产品列车，运行图架构趋于成熟，“优化频次，均衡停站”调图优化目标实现了重大突破。

(5) 2013 年“12·28”运行图

津秦客专开通，京沪高速铁路新增东北方向跨线列车，路网通道作用充分显现。新图开行列车增加至 128 对（图定能力 23.4 万人），其中本线列车 55 对，跨线列车 73 对,本跨线列车开行比例结构发生重大变化，跨线列车开行比例上升至 57%，本线列车下降至 43%。

(6) 2014 年“7·1”运行图

京沪高速铁路继续扩充运能，增开厦门、武汉和长沙等方向跨线列车，新图开行列车增加至 142 对（图定能力 24.8 万人），其中本线列车 56.5 对，跨线列车 85.5 对，跨线列车比例上升至 60%，本线列车下降至 40%。

(7) 2014 年“12·10”运行图

青荣城际、沪昆高铁开通，新增荣成、烟台、南昌和长沙等方向跨线列车，新图开行列车增加至 152 对（图定能力 26.8 万人），其中本线列车 55.5 对，跨线列车 96.5 对，跨线列车比例上升至 63%，本线列车下降至 37%。

通过数次调图优化，京沪高速铁路运行图能力得到迅速扩充，这为公司实现经营增长目标奠定了基础。

三、客运营销策略研究及方案实施

1. 特惠票价营销策略

根据铁路总公司部署安排，公司与北京交通大学就京沪高速铁路客票特惠开展了课题研究合作，对商务座、特等座、一等座客座率低下的部分列车分时段、分车次实施客票特惠方案。截至 2014 年底，京沪高速铁路共分五次实施特惠方案，具体实施特惠方案情况如下。

(1) 2012 年 6 月 27 日 ~7 月 27 日，京沪高速铁路首次实施客票特惠方案，特惠幅度为商务座票价在现票价基础上下浮 10% ~ 20%，特等座票价在现票价基础上下浮 10%。

（2）2013 年 7 月 10 日 ~8 月 31 日，京沪高速铁路第二次实施票价特惠方案，特惠幅度为在预售期 1 ~5 天内，对商务座、特等座、一等座实行 8.5 折特惠，在预售期 6 ~20天内实行 8 折特惠。

（3）2013 年 11 月 1 日 ~12 月 31 日，京沪高速铁路第三次实施票价特惠方案。特惠幅度与上期相同，即在预售期 1 ~5 天内对商务座、特等座、一等座实行 8.5 折特惠，在预售期 6 ~20 天内实行 8 折特惠。

（4）2014 年 4 月 ~6 月，京沪高速铁路第四次实施票价特惠方案。特惠幅度调整为预售期内对商务座、特等座、一等座实行 8 折特惠，特惠时间调整为除“五一”、“端午小长假”外，每周一至周四特惠，周五至周日不特惠。其中北京南—南京南 G205/6 次末班车商务座、一等座、二等座均实行 7 折特惠。

（5）2014 年 10 月 9 日 ~12 月 30 日，京沪高速铁路第五次实施票价特惠方案。特惠幅度为预售期内对商务座、特等座、一等座实行 8 折特惠，特惠时间为每周一至周四，周五、周六、周日不特惠。

通过这五次特惠方案实施，我们对高铁票价实施特惠方案后所产生的客流引导作用和市场反应机制有了一个新的认识，一是京沪高速铁路沿途多为经济较发达地区，旅客对客票特惠等市场化营销认知度高，客流对票价反应敏感，实施客票特惠后，列车一等座客座率显著提升；二是京沪高速铁路沿线地区客流乘车需求旺盛，列车一、二等座满员情况时常出现；三是京沪高速铁路商务座客流稳定，对票价反应不敏感，列车商务座客票优惠 10% ~20% 的方案，未对商务座客流产生太大影响。以上这些新的认识为进一步探索高铁灵活票价机制积累了经验。

2. 客票智能预分

客票智能预分方案是在应对客流高位增长新情况下，运能合理运用的有效办法和策略。京沪高速铁路在运营初期，客流处于培育阶段，市场尚未成熟，票额在非“国庆”黄金周和春运阶段实施随到随走的完全放开策略，其营销的指导思想是基于客流尚不充分的情况下积极培育客运市场，满足不同出行需求旅客的购票选择，为乘坐高铁旅客提供公交化便捷服务。

2013 年春运后，针对京沪线、京广线不同的客流状态，在铁路总公司运输局协调下，组织公司、铁科院和相关铁路局力量，采集客流数据，研究客流 OD 规律，提出了客票智能预分相关策略。票额智能预分是铁路运能不能满足运量需求的情况下，为提高列车运输效率而实施的一种重要客流组织方法。客票智能预分以运行图为基础，以列车客流分布为依据，将列车票额在其经由各站进行合理分配，目的是实现每一趟车每一席位尽量得到全程利用，在充分安排短途票额的同时保证长途票额不受冲击。

自2013年6月起，铁路总公司运输局在京沪高速铁路试点票额智能预分，对售票工作实行指导。通过票额智能预分试点，一定程度上解决了短途票额挤占长途票额的问题，同时避免了原非智能预分短途票额长时间占用长途票额无法解锁，中间站及中短途旅客无法购票的问题。此项措施在试用时期即显现出其效用，主要表现在2013年暑期平均运程大幅度提高，在暑期执行日常图运能不足的情况下，最大化地实现了座席匹配，显著提高了客座率，带来了良好的收益。

3. 互联网技术运用

针对传统营销模式效果差、成本高、更新慢的问题，公司积极利用现代科学技术软件和互联网技术对京沪高速铁路旅客服务进行综合化、人性化、细节化的服务流程创新。

在公司的积极推动下，京沪高速铁路北京南站、天津西站、济南西站、徐州东站、南京南站、常州北站、无锡东站、苏州北站、上海虹桥站等主要客站均利用互联网搭建了车站客运营销和便民服务APP手机客户端，利用新媒体平台覆盖面积广、资讯信息全、反应时间快的优势，打造优质新媒体服务平台。在铁路总公司指导协调下，公司与铁科院开展科技创新合作，对列车补票机进行系统升级，目前京沪高速铁路列车所有班组全部配备了具有联网功能的移动补票机，实现了京沪高速铁路客票营销车站和列车互动。与此同时，上海虹桥站、南京南站、济南西站、天津西站节点换乘方案正在试点过程中。

4. 运营管理数据分析及相关制度

京沪高速铁路开通运营三年多来，公司积极整合各方资源，致力于运营数据分析和信息化建设。经过开通运营一段时间相关数据的积累，2014年公司与铁科院正式签约数据处理服务外包合同。目前，公司有关京沪高速铁路客票基础信息库、运行图列车担当基础信息库、运行图列车分类基础信息库、运行图动车运用基础信息库、OD客流密度基础信息库已基本建成。在此基础上，公司运营相关分析报告制度也同步建立。主要包括：

（1）京沪高速铁路每日运营速报制度；

（2）京沪高速铁路月度运营分析报告制度；

（3）春运、暑运、小长假运输专题分析制度；

（4）季度经济活动分析制度；

（5）半年、年度公司运营总结报告制度。

运营专题分析均体现了较高的分析质量。公司运营信息数据库和运营分析制度的建立，为公司运营科学决策提供了信息支撑和大数据支持。

四、客运服务质量和站车品牌建设

1. 建立站车服务质量竞赛评比制度

自京沪高速铁路开通运营以来，公司与受托铁路局紧密合作、携手共建，围绕打造京沪高速铁路站车服务品牌做了积极且富有成效的工作。由公司牵头，北京、济南、上海三个铁路局共同参与，在京沪高速铁路全线站车开展了“服务旅客创先争优”活动，每两月开展一次联合检查，每半年组织一次竞赛评比。自活动开展以来，共组织了17次联合检查，有来自三个铁路局京沪高速铁路站段领导和客运专业人员138人次参加了联合检查活动，先后有12个车站，10个车队以及京铁列服、济铁旅服、华铁旅服等单位获得先进单位荣誉称号。开展联合检查和竞赛评比为京沪高速铁路示范线建设搭建了一个工作交流和品牌创建的平台。

北京南站候车大厅关于服务的宣传语

2. 组织服务品牌创建现场会

为推进全线站车服务品牌创建工作，公司牵头三个铁路局，分别于2012年3月和6月，组织召开“京沪高速铁路站长观摩交流会”和“京沪高速铁路车队长观摩交流会”。通过交流会的召开，在京沪高速铁路全线掀起了服务品牌创建活动热潮，全线各站车认真践行“以服务为宗旨，待旅客如亲人”服务理念，落实“三个出行”工作要求，比学赶帮，争先创优，有力促进了客运服务质量的提升，京沪高速铁路一批具有丰富地域文化特色，满足高铁旅客出行要求，全面展示高铁服务形象的站车服务品牌正孕育成长。

全国劳动模范张润秋在北京南站服务台认真解答旅客问询

2014 年 5 月 6 日，在京沪高速铁路运营三年之际，经认真筹备，公司在济南西站成功地召开京沪高速铁路车站品牌创建工作现场会，交流了京沪高速铁路开通运营三年来品牌创建工作的经验，现场观摩了济南西站、曲阜东站品牌创建先进典型。公司不断总结和交流先进站车管理经验，有力推动京沪高速铁路品牌创建工作，北京南站“润秋服务台”、济南西站“泉馨驿站”、曲阜东站“仁爱之旅和谐家园”、南京南站“158 雷锋服务站”、常州北站“常悦 580”雷锋服务台、无锡东站“太湖明珠”问询台、上海虹桥“七彩虹桥”、青岛客运段“海之情”和杭州客运段“西子号”等一批服务品牌在全路高铁和社会上产生了广泛深远的影响。《人民铁道》报开辟专栏，用 12 个篇幅对京沪高速铁路标准示范线建设和服务品牌建设作了追踪报道。

南京南站“美善空间”一瞥

无锡东站“太湖明珠”问询台

3. VIP 专项服务

2012 年 12 月，公司在全面做好基本服务的基础上，依据原铁道部指导意见，从创建“安全标准示范线、运营高效示范线、规范管理示范线”要求出发，立标打样，规范京沪高速铁路 VIP 商务座旅客服务管理，制定了《关于公布〈京沪高速铁路旅客专项服务实施方案〉的通知》(京沪高速综函〔2012〕227 号)，从订票购票、车站候乘、列车服务、餐茶供应及预约定制服务对 VIP 商务座进行服务流程设计。

北京京铁列服餐服员正在为外籍旅客服务

2013 年 12 月 10 日，公司选择北京局京铁列服公司作为试点单位，引入国际知名机构，组织专家团队对京沪高速铁路 VIP 服务人员形象、服装备品、作业标准、服务流程及餐食供应进行了整体策划打造。铁路总公司运输局领导现场进行了检查观摩，给予肯定和评价。通过选点树型、立标打样，为京沪高速铁路整体提升 VIP 高端服务水平提供了示范标准。

加拿大铁路企业人员考察京沪高速铁路

2014 年，公司在现有五大站设 VIP 候车服务专区基础上，加大力度推进 VIP 增加站点方案，新增天津南站、德州东站、泰安站、曲阜东站、滕州东站、枣庄站、徐州东站、蚌埠南站、常州北站、无锡东站 VIP 候车服务专区，形成京沪高速铁路全线 VIP 旅客更大范围的服务联网覆盖。

枣庄站 VIP 贵宾候车区

4. 客服设施管理

客服设施直接服务旅客，其运用状态亦直接关系到高铁服务的品质。京沪高速铁路开通运营后，公司高度重视设施运行和配套，在委托运输管理模式下，针对使用与维护统一问题，与铁路局携手合作，探索并走出了高铁客服设备运用维护的一条新路子：一是落实铁路局运用维护管理主体责任，由铁路局客运主管部门牵头，协调相关工作部门，明确各方工作责任，建立健全管理制度，保证设施的良好。二是主动配合，保证投入。公司结合每两月服务质量联合检查，将客服设施维管工作纳入并作为重点内容实施同检查同考核；在每年春运、暑运来临之前，与铁路局共同组织客服设施专项检查，针对突出问题开展专题整治；三年来公司集中投入 878 万元对三个铁路局客服设施缺陷问题进行专项整治。三是积极推进管理模式规范化。公司与铁路局共同开展调研，全面了解维管现状，分析存在问题，总结交流先进经验。

三年多来，京沪高速铁路客服设施维管体制和维管模式有了新的发展，北京、济南铁路局实行大站带小站模式，各站均建立客服设备设施维保管理机制，以车站监督管理为主体，维保单位提供专业技术服务、设备日常维护、维修为基础的维管体制，确保车站管辖内各站的客服系统程序和设备的运行安全。上海局对站房设备设施实行“大物业”管理，由铁路局申铁杰能公司统一负责车站设施和客服系统的维保管理，实现了设备维保的专业化管理。

各种购票专机

第四篇

安全监督

第四篇　安全监督

为履行好安全监督职能，公司积极落实铁路总公司的要求，结合京沪高速铁路委托运输管理的实际和公司管理职能的特点，紧紧依靠受托单位，广泛凝聚社会力量，在由建设期安全管理职能向运营期安全监督职能转型过程中，逐步建立健全了安全监督体系，在建立安全监督制度、实施安全对接、开展安全检查、保障安全投入、推行安全风险监督以及安全标准示范线建设等方面，进行了有效探索，形成了具有京沪高速铁路特色的安全监督做法。

一、安全监督职能

公司作为京沪高速铁路资产的所有者，对资产保值增值负责，一方面，支持、配合受托方落实受托范围内的安全生产主体责任，另一方面，在落实公司的安全监督职能上进行了有效探索和实践。

1. 原铁道部《关于新建合资铁路运输委托管理的指导意见》，明确了委受双方的安全责任

原铁道部《关于新建合资铁路运输委托管理的指导意见》(以下简称《指导意见》) 第三条规定“实行委托管理的委托方和受委托方必须依法合规，明确并落实委托和受托各方的安全管理责任。受托方作为运输安全的责任主体，对受托范围内的安全管理工作负首要责任”；第十五条规定“委托运输管理各方必须严格贯彻执行国家有关安全生产的法律法规和铁路运输安全管理的各项规章制度及作业标准，通过委托协议明确界定各自的安全管理职责，落实安全责任。受托方对受托范围内的安全生产管理工作负委托协议约定的责任。委托方应当确保安全生产设施和安全防护设施的必要投入，并有权对委托业务的安全工作进行监督检查”。《指导意见》明确了委受双方安全管理内容，对受托方的安全管理主体责任和委托方的安全监督责任做出的明确规定，为确立公司安全监督的职能定位、基本内容和方法手段提供了依据。

2. 《委托运输管理协议》细化了委受双方的安全责任

公司与北京铁路局、济南铁路局、上海铁路局和中铁电化局签订的《委托运输管理协议》(以下简称《协议》)，规定了委托方应当“确保安全生产设施和安全防护所必需的投入，对受托方的安全管理进行监督检查；受托方对受托资产负有保全责任，尤其保证运输设备、设施处于良好状态，符合运输安全的需要；需按照双方约定，定期或应甲方要求不定期地向甲方提供安全运营、设施设备等管理情况报告，配合委托方对受托运输管理进行监督检查，并按双方约定提供有关资料和数据”等等。《协议》细化的委托运输管理的专项管理细则，规定了受托单位要“严格贯彻执行国家安全生产方针、政策和法律法规，严格执行铁道部安全管理各项规定、标准、办法和措施，确保京沪高速铁路运输安全；负责受托范围内的日常安全管理工作，建立健全安全生产责任制，制定铁路运输安全的规章制度和操作规程，培训合格人员持证上岗作业；检查、监督和指导有关人员落实各项安全生产规章制度、标准等，及时发现和解决生产过程中存在的各类安全问题；对设施设备等方面存在的安全隐患，及时制定整治措施和方案，并进行整治”等等，《协议》进一步明晰了委受双方的安全责任，为公司依法履行安全监督检查职能提供了依据。

3. 在实践中探索落实安全监督职责的基本思路

京沪高速铁路开通运营三年多来，公司在落实安全监督职责中，不断探索委托运输管理模式下安全监督的方法和手段，以“工程完善问题、安全管理结合部的盲点和盲区、影响安全的关键环节、易发事故的薄弱环节”为重点，采取五种方法和手段，履行安全监督职责。

（1）查点督面

针对京沪高速铁路线路长、技术新的特点，采取查点督面的方法，把从点上查出来的问题放到全线对照督查，从中发现规律性和普遍性问题，达到以点促面的目的。

（2）查下验上

采取查班组、查设备、查现场的方法，验证受托方安全管理的力度和程度，有针对性地提出意见和要求。

（3）查管促整

公司把安全监督的重点放到了安全风险“动态管理、风险源库、管控措施、整改情况、问题销号”等关键环节上，通过检查安全管理，促进安全风险整治措施落实到位。

（4）督查关键

公司在日常的安全监督中，把供电弓网事故、倒杆断线、器件破损、大面积停电和工务系统的轨道板、站房系统的雨棚塌架等可能引发事故的安全隐患，作为安全监督的重点，对于监督受托方及时消除安全隐患发挥了重要作用。

（5）问号监督

公司在履行安全监督职责中，注重养成良好的问号习惯，对于来自方方面面的安全信息带着问号调查了解、带着问号跟踪发展、带着问号监督处置，从摸清原由出发，跟踪整改过程，评价整改结果，直至画上句号。

二、建立健全安全监督机制

京沪高速铁路开通运营以来，结合公司的管理特点和组织架构等实际，为有效实施对安全生产的有效监督，确保实现京沪高速铁路长治久安的目标，建立并完善了公司的安全监督机制。

1. 建立安全监督组织体系

在安全监督组织体系建设上，建立了公司和办事处的安全组织机构。

（1）公司成立了安全生产委员会

为了加强安全监督工作的组织领导，公司于2012年初，成立了安全生产委员会（以下简称安委会）。公司安委会统一领导公司安全监督管理，负责规范公司安全工作制度并统一领导、协调、督办和研究部署安全监督工作。安全监督部作为公司安委会日常办事机构，负责安委会决定事项的协调督办和日常安全监督管理，对受托方的安全管理进行监督检查。

（2）确立了办事处的安全监督职能，设置安全专职岗位

办事处作为公司的派出机构，代表公司履行分管区域内的安全监督职责。办事处按照职责要求和管辖区域实际，制定和落实安全监督管理工作制度，开展安全监督检查，配合公司动态完善《安全风险问题库》，跟踪更新改造和大修项目的落实，积极推进环境综合治理、病害整治和设施、设备的专项整治，认真开展沿线保护区巡视检查，建立健全并落实与受托方的沟通机制。

2. 明确细化安全监督责任

为扎实有效履行安全监督职责应确立以下几方面内容。

（1）确立公司安委会的安全监督职责

安委会的主要职责是宣传、贯彻、执行国家、铁路总公司关于安全生产的法律、法

规、规章和相关制度，研究提出解决公司安全生产中重大问题的意见；依据铁路总公司的有关规定，建立健全公司安全监管责任制和安全监管工作规章制度，定期对责任制和规章落实情况进行检查、督察和考核；建立健全公司安全风险问题库，制定监管措施并组织实施；研究安全措施方案和投入费用，按照有关程序报批，并跟踪落实情况等。

（2）确立业务职能部门的安全监督职责

安全监督部作为安委会日常工作机构，负责安委会决定事项的协调督办和日常安全监督管理工作，对委托范围内的设施、设备等资产安全进行监督检查；设备部、运输部、经营部、综合部负责制定并实施本部门各专业落实岗位安全职责的细化措施，对设施、设备及时监督、检查，掌握设备总体运行状态和安全情况，参与涉及安全项目的审核，开展专业对接；计划财务部负责安全投入的资金保证，对资金使用情况进行检查和督办落实，每季度向安委会报告安全投入情况。各部门要按照“管业务必须管安全”的原则，履行各自的安全监督职责。

（3）确立公司领导和中层干部的岗位安全监督责任

公司主要领导是安全监督工作的第一责任人，负责建立健全公司安全监督管理责任体系，组织制定公司安全监督管理办法和工作制度，保证安全生产投入，督促检查安全管理和安全生产工作；分管安全工作的公司副职协助行政主要领导，对安全监督工作负直接管理责任，公司其他副职对分管专业和部门的安全监督工作负领导责任。依据业务部门的管理特点，职能部门主要负责人分管本部门的安全监督工作，是本部门安全监管的主要责任人。

（4）确立了公司一般管理人员的安全监管责任

公司一般管理人员本着“管业务必须管安全”的原则，在分管业务中突出安全监管作用的发挥。

3. 建立健全安全监督工作制度

为了适应委托运输管理的实际需要，公司把建立完善安全监督制度，作为履行安全监督职能的有力支撑。

（1）健全完善《京沪高速铁路股份有限公司安全管理办法》

依据国家法律、法规，根据《中国铁路总公司安全管理规定》，结合合资铁路委托运输管理特点和安全标准示范线的建设要求，健全完善了《京沪高速铁路股份有限公司安全管理办法》。该办法提出了安全监督应遵循的方针和原则，明确了建立健全安全监督组织体系、制度体系和责任体系的要求，明晰了各层级和各岗位的安全监管责任、安全监督工作的方法手段，规范了安全投入的重点和投入程序等内容。

（2）制定安委会工作制度

公司安委会会议每季度召开一次，主要议题是追踪问题、落实情况，总结安全工作，查找存在问题，部署安全事宜；对安全隐患和事故按照“四不放过”的原则提出处理意见或建议，对受托方提出的有关解决安全问题和隐患的意见要求进行研究，并提出、落实解决问题的措施和办法等。安全监督部作为安委会日常办事机构，对公司安全监管工作和受托单位安全情况进行阶段性总结分析，并在会上报告情况；为保证会议质量，在会议前收集受托方的安全信息，梳理分析季度内的事故、故障，提出初步工作建议，为会议议题做好准备。

（3）制定并落实安全监督检查制度

安全监督检查制度主要包括“联合检查、专项检查、重点检查、参与检查、巡视检查”五种监督检查形式。联合检查由公司牵头，组织受托方、地方政府、公安机关等单位开展的安全检查活动；专项检查是针对春运、专运等重点运输和防洪、防寒等季节性的安全检查；重点检查是针对可能引发危及安全运营的安全隐患，上道或零距离对设施、设备进行的检测检查；参与检查是指公司或办事处参加，由受托单位或上级、地方政府等组织的安全检查；巡视检查主要是公司和办事处针对倾向性、普遍性的安全问题开展的巡视检查活动。为了提高安全检查的实效性，注重对检查的“方案策划、查前培训、实施检查、总结分析、交换意见”五个环节进行细化，特别是为了提高检查质量，开展查前培训，明确检查内容和检查标准，优化检查方法和检查环节，在检查的基础上重视意见交换并搞好检查总结。

（4）建立安全分析制度

安全分析采取层级分析和重点分析的方法。公司级的安全分析主要依托安委会开展综合安全分析；业务部门的分析是结合专业管理的特点，对本专业发生的安全问题，从技术、管理和整治方案等层面开展重点分析；办事处针对管内和巡视检查发现的安全问题进行综合分析。

（5）建立安全应急响应制度

《指导意见》第十七条规定，“受托管理范围内发生铁路交通事故、生产事故及其他突发事件，受托方应当立即向委托方通报情况。受托方应当按照国家及原铁道部的有关规定，会同委托方研究制定受托范围内重大突发事件应急预案，组织开展应急救援的培训和演练”。公司与受托方签订的《协议》中约定，“委托管理范围内发生铁路交通事故、生产安全事故及其他突发事件，甲方应积极做好配合工作，协助事故调查及善后处理”。为了落实《指导意见》的规定和《协议》的约定，公司成立了应急响应组织，建立了应急响应报告制度和信息传递流程，积极做好配合协助工作。

（6）建立安全监督责任考核制度

为了充分发挥绩效考核的激励作用，促进公司各层面的安全监督责任落实到位，在《京沪高速铁路股份有限公司绩效考核管理办法》中，将安全监督纳入公司的考核体系，实行了月度安全质量考核，按照安全质量成效核定安全生产绩效工资。

4. 建立安全问题库

公司把问题库的建立和管理作为安全监督的重要内容。

（1）按照分类入库

结合京沪高速铁路发生的安全风险信息，把可能危及安全运营的重大安全隐患，作为公司重点监督和重点投资整治的项点，按照专业类别确立了“区域不均匀沉降、桥梁病害、隧道病害、异物侵限、供电接触网病害、车站设备设施”等17类安全风险问题，并划分等级纳入公司安全风险问题库。

（2）严格入库流程

公司级问题库由安全监督部负责，将采集的安全信息，逐一梳理、登录列表发至相关专业部门，专业部门审核后提出入库初步建议，再由相关领导或部门组织分析研判，确定入库项点，分管安全、设备的副总经理审核后提交总经理，总经理审核后提交安委会确认后，形成公司级的问题库。业务部门和办事处的问题库，由部门主任和办事处副主任负责，组织相关人员对采集的安全信息进行梳理分析和研判，确定安全风险等级，形成部门和办事处的问题库，为病害整治和监督安全风险管控提供依据。

（3）提高入库质量

对于国家、铁路总公司等上级领导和公司领导检查提出的安全隐患和危及运营安全的突出问题，纳入公司级问题库；对于关键性、苗头性、倾向性和属于病害整治的安全隐患，纳入业务部门问题库；对于办事处自身对接、巡视发现的安全问题、隐患和公司要求办事处督办的问题，纳入办事处的问题库；对于能够立即解决的问题，通过制定制度、措施、办法予以控制的问题，已经列入设备大修、更新改造计划的问题不纳入问题库。

（4）加强问题库管理

按照“分层管理、逐级负责、动态监督、闭环控制”的思路，对经委受双方对接确认建立的共享问题库，属于公司解决的问题纳入公司的重点问题进入实施程序，属于受托方的责任由受托方负责。在问题库的分层管理上，属于公司层面的由安全监督部负责管理，属于各部门的由各专业部门指定专人负责管理，办事处层面的由办事处安全专

职人员负责管理。在问题库的动态管理上，建立实施了“定期研究分析、实时追踪整改和及时进行销号”制度，并将此纳入日常安全监督检查的重要内容。

三、建立健全安全对接机制

公司十分重视与受托方在安全方面的沟通对接，经过三年多的探索实践，形成了“季度安全对接、实时专业对接和即时重点对接”的安全对接机制并实现了沟通对接常态化。

1. 季度安全对接

经过公司与受托方共同摸索，形成了“会前梳理安全问题，提出建议；会上重点讨论，达成共识；会后跟踪督促，抓好落实”的季度安全对接机制。每个季度由公司分管安全工作的领导带队，由相关业务部负责人和专业工程师组成对接小组，分别与北京铁路局、济南铁路局、上海铁路局和供电维管公司，开展一次安全沟通对接活动。对接前由安全监督部收集受托方的有关意见、要求，经过梳理后由公司领导组织各专业部门进行分析研判，形成对接内容；对接中对有关问题展开分析讨论，确认安全风险性质和处置方案，纳入共享问题库，明确责任和推进计划，形成双方共同确认的对接纪要。根据对接确定的事项由公司安全监督部跟踪方案实施、整改进度和落实情况。

2. 实时专业对接

在季度对接的基础上，实行定期不定期的专业归口对接，使设备病害整治更具针对性、专业性和及时性。专业对接的内容主要是针对日常的设备检查、受托方的信息反馈、设备运营中反映出的质量缺陷和季度对接中指定的内容，这是专业对接的重点；专业对接的形式，主要是由委受双方的设备、运输、安监等专业部门，提出对接意向，确定对接内容，约定对接时间。在实施专业对接中，由发起方作为主导方召集对接，针对对接事宜进行研究分析，制定整治方案，明确责任和要求，并通过纪要的形式规范各方的管理和整改责任。

3. 即时重点对接

对于上级指定和危及行车安全的重大安全隐患，公司与受托方实行即时重点对接制度。在重点对接上，由公司领导亲自组织，采取现场勘查、会议讨论等形式开展重点对接活动，分析安全隐患发生的原因，查找问题要素，达成共识并确定管理、处置方案和措施，明确责任单位，形成会议纪要，报上级部门备案。在此基础上，公司业务部门指定专人盯控，跟踪督促安全隐患整改。

四、开展联防共建，整治外部环境

铁路外部环境治理，是一个难度比较大的问题。为创造京沪高速铁路安全运行的良好外部环境，三年多来，公司按照“调查研究、摸清底数、重点突破、联合推进”的思路，积极全面地推进环境优化工作。

1. 宣传教育，明确要求

公司按照《铁路安全管理条例》要求，大力宣传联防共建意义，与受托方和地方政府共同开展联防联治活动。

2. 提出建议，建立制度

督促受托方制定相应的管理办法，明确安监、环治办、公安、工务等部门职责；协调地方政府整合巡视、巡查力量，建立路地联合巡防队伍，建立巡防制度。

3. 属地为主，路地共建

公司与受托方共同与沿线县级以上人民政府反复沟通，督促地方人民政府加大对《铁路安全管理条例》的宣传力度，让沿线政府、乡镇了解铁路有关规定，履行地方政府职责。借鉴地方公安网络化管理的经验，采用属地管理方法，加强保障铁路安全教育，落实联防护路责任制，初步形成了路地联防共治格局。

五、努力建设安全标准示范线

随着京沪高速铁路安全运营持续发展，如何为安全管理注入新的活力，更好地发挥委受双方的主观能动性，把京沪高速铁路安全运营水准提升到一个新的高度，确保京沪高速铁路运营持续安全稳定，公司提出了“打造安全标准示范线”的发展战略目标，并在实施过程中进一步充分调动各方的积极性，形成共同保安全的长效机制。

1. 明确安全标准示范线建设的重大意义

京沪高速铁路从建设转入运营后，公司提出努力把京沪高速铁路打造成为安全标准示范线，这是一个带有方向性和战略性意义的目标，是推进京沪高速铁路健康发展和高铁走向世界的标志性工作。京沪高速铁路要想成为中国高速铁路的标杆，首要任务就是确保安全万无一失，因此，公司就是要通过安全标准示范线建设，进一步夯实安全基础，提高安全运营的可靠性。

2. 打造安全标准示范线的基本思路和主要内容

安全标准示范线建设是一个系统工程，结合京沪高速铁路安全运营和公司管理职能的特点，公司确立了“依靠、支持受托单位，凝聚各方力量，共建安全标准示范线”的基本思路。在该思路指导下，规范安全标准示范线建设内容。公司提出以“安全管理规范化、现场作业标准化、检查整治常态化、检测监测现代化、设备检修精细化、安全投入程序化”为主框架的建设内容。

（1）安全管理规范化

进一步强化受托方安全生产主体责任，建立健全逐级负责的安全责任体系；明确公司在委托运输架构下履行安全监督职责的同时，积极为受托方承担安全生产主体责任创造条件，并建立实施沟通对接机制、检查评估机制、安全投入保障机制和路地联合环境整治机制等。

（2）现场作业标准化

受托方从规范设备标准、岗位作业标准、应急处置标准等内容入手，建立健全标准体系；严格按照安全规程规定和受托方的统一要求，结合现场作业的特点和变化，修改完善和落实安全作业标准流程，强化现场作业控制，规范动态巡检、设施设备整修等标准化内容，确保人身安全、行车安全和设备安全。

（3）检查整治常态化

根据安全管理和安全风险管控实际，开展以“查管理、查隐患、查质量、查落实”为主要内容的联合检查、专项检查、日常检查等多种形式的安全监督检查活动，对于在检查中发现的安全风险和隐患，以《安全检查通知书》或《安全隐患整治函》的形式提出整改要求和完成期限，并跟踪整改过程和落实情况；建立安全风险管理机制，定期汇集受托方和公司专业管理部门发现的问题，对问题进行分类、梳理、分析、研判，列入安全风险问题库，跟踪管控督办，实施验收销号，形成闭环管理等。

（4）检测监测现代化

受托方在铁路总公司的领导和公司的支持帮助下，针对设备设施检测监测的需求，积极引进具有高科技水准的检测监测设备。配齐并维护好沿线视频监控系统；利用已有的检测监测设备，对结构状态、运营环境、重点部位进行实时监测；充分挖掘并用好检测监测数据，及时发现问题和总结规律，提高设备检修针对性和设备维修质量；重点做好和落实沉降观测、精测网检测、桥梁健康系统监测、接触网动态检测和轨廓测量等工作，并着力开发检测监测数据分析系统。

（5）设备检修精细化

坚持精检慎修的维修原则和预防为主、重点整治的方针，有针对性地解决设备隐患，对设备进行寿命周期管理，把精细化检修作为重点主攻目标，探索规律形成制度。

（6）安全投入程序化

在设施设备投入上，以更新改造为重点，按照相关规定，配备足量的检修、抢修物资和机具，满足日常检修作业需要；完善日常维护、保养、报废、补充、申请等使用环节，提高机料具的使用效率。在病害整治投入上，深入调查研究和分析设备运用状态，对安全品质不良的设施设备，提出更新改造、缺陷处置的整改意见和整治方案，公司积极支持，采取有力措施实施整治方案。在加大人力资源投入上，研究探索京沪高速铁路人力配置的科学性和适应性，本着“适用、效能”的原则优化人员配置。

3. 形成共建格局，不断深化安全标准示范线建设

安全标准示范线建设需要委受双方路内路外各方共同努力，不仅要发挥公司的监督责任，更主要的是要履行铁路局的主体责任。为了规范委受双方安全标准示范线建设行为，加大各方的落实力度，进一步明确了双方推进示范线建设的重点任务。受托方作为安全责任主体，要加强安全标准示范线建设的领导，建立健全完善的安全标准示范线建设组织体系和责任体系，为安全标准示范线建设提供有力的组织保障和技术保障。铁路局作为受托方按照“六化”要求，结合实际，细化安全标准示范线建设内容和标准，制定《安全标准示范线建设细化实施方案》。在推进过程中，采取“样板引路以点带面”的方法，促进安全标准示范线建设健康发展。公司作为委托方，承担安全监督和支持责任，在推进安全标准示范线工作中，按照《中国铁路总公司安全管理规定》的相关要求，细化公司安全监督管理办法，进一步明确公司安全监督职责，加大支持力度，对受托方的安全标准示范线建设在资金、技术方案、整治方案审查、协同联合方面给予积极支持和配合。委受双方相互配合、相互支持，随着共建安全标准示范线各项制度、措施的落实，京沪高速铁路安全标准示范线建设正在有序健康地向前推进。

第五篇

设备维修

第五篇　设备维修

委托运输管理模式下，公司将京沪高速铁路全线的设备使用、维护维修同运输管理一起委托给沿线三个铁路局。加强设备维修、保证设备完好，它直接关系着高速铁路运营的安全稳定，也是公司资产管理的重要内容。在目前运管模式下，如何加强设备使用、维修的监督管理，保证设备的完好，全路还缺乏可以借鉴的经验。为建立科学的维修体系和管理模式，保证京沪高速铁路设备状态优良、实现安全生产管理有序可控，公司结合专业特点，在铁路总公司支持下对委托运输管理模式下的高速铁路实物资产管理和设备维护管理开展了理论研究，在各受托铁路局配合下进行了实践探索。

一、委托运输管理模式下的设备维修管理

（一）专业维管模式的探索

京沪高速铁路与其他客运专线一样，开通运营初期，各项实物资产和专业设备都是由受托铁路局分配给属地既有站段分段进行管理和维护维修，实施属地化管理。尽管在验交过程中铁路局各专业站段派人参与调试和验收，但是京沪高速铁路的技术装备、技术标准等毕竟与既有普通铁路不一样，不是几次接触就能掌握的。随着京沪高速铁路列车开行对数的增加，设备维护维修任务、责任加重，由既有专业站段负责高铁设备的维护管理显然已不适应。公司与各铁路局在专业设备的维护管理上进行了积极的研究和探索。

1. 工务系统维管的多种形式及比较

工务系统设备维管在三个铁路局各不相同，济南铁路局独立设京沪高速铁路工务段实行专线管理，北京铁路局设立高铁工务段负责京沪高速铁路和其他客专、城际多条高速线的管理，上海铁路局在既有工务段增设高铁车间负责京沪高速铁路维管。虽然三种模式不同，但都考虑到高速铁路工务设备维修管理的特点和技术要求，有针对性地设立了高速铁路的工务维修组织机构，制定了相应的生产管理规章制度，构建安全管理体系，推进安全管理规范化，结合岗位实际，细化岗位工作流程、作业标准、工作制度，使管理岗位安全职责覆盖到安全生产每个环节，做到岗位职责具体、工作内容清晰、安

全责任明确，并强化干部跟班作业制度落实和现场包保作业指导，明确各级干部的检查标准和包保责任，量化干部深入现场时间、包保设备数量和检查次数，把检查人员考核与包保车间安全实绩相挂钩，追究包保检查者的连带责任，形成监督考核闭环管理；建立适用于高速铁路的技术规章，并建立修废补建制度，结合技术进步和现场需要及时修订补充，不断完善；依托信息化维养系统的开发和应用，实现人机料闭环的自动化监测，强化和落实安全管理、设备状态检修机制，实施过程风险动态控制，以“立标、学标、对标、达标”为载体，狠抓基本规章和作业标准的落实，进一步强化现场作业控制；同时始终坚持科技保安全这一准则，充分运用科技手段，利用过程录像、综合视频监控功能，强化“天窗”作业过程监督；通过移动施工监控系统、手机远程指挥系统以及远程对讲机，对作业实施有效控制；安装健康诊断检测系统，确保公跨铁立交桥的安全；配强计量实验室，实现科学维护；安装 GPS 定位系统、行车记录仪等，有效控制汽车交通安全风险，通过对“人的不安全行为和设备的不安全状态”的信息化监控，实现全过程控制。虽然三个受托铁路局在工务设备维护维修管理上都建立了制度，明确了责任，但是经过三年实践比较，济南西工务段在铁路总公司、济南铁路局颁布规章的基础上先后又制定了《无砟轨道控制网使用及维护管理办法》、《自然灾害及异物侵限监测系统运用管理办法》等 31 个段级技术规章、《无砟轨道精调作业指导书》等 14 项作业指导书、处理断轨等 6 项应急预案，对京沪高速铁路设备的管理、维护维修工作做得更深更细更扎实。实践证明普速铁路和高速铁路工务设备分开管理更有利于高铁的专业化管理，实行独立设段专线管理模式，更有利于职工专业技术水平的提高和标准示范线的建设，同时也避免了多线管理在机构、人员、财务交叉带来的维修资金、资产管理和责任关系不清，使得经济关系和责任关系更加明晰，工作效率和管理效果更加突出。

2. 探索第三方维护管理

（1）牵引供电的第三方维护

2011 年 6 月 30 日京沪高速铁路开通后，牵引供电连续发生 7 · 10、7 · 12、7 · 14 弓网事故，2012 年春发生大面积雾（污）闪事故，暴露出专业维修力量不足的问题。根据原铁道部铁劳工〔2011〕185 号文中高速铁路主要行车工种岗位准入管理办法的要求，其中高速铁路接触网维修岗位，专业要求需牵引供电或相关专业毕业或经 2 年专业培训合格；工作经历需在普通铁路非提速地段从事接触网维修工作不少于 2 年，或在提速地段从事接触网维修工作不少于 1 年。而现实情况是，三个受托铁路局的既有铁路电气化维修大都是委托专业局负责，接触网维修力量严重短缺。为确保京沪高速铁路稳定、可靠运行，公司借鉴秦沈客运专线供电专业委管的经验，提出在京沪高速铁路牵引

供电专业实施第三方维修管理模式。经原铁道部研究和统一部署，同意了京沪高速铁路牵引供电自 2012 年 4 月 15 日起实施委托第三方维修管理，由中铁电化局京沪高速铁路牵引供电建设团队原班人马承担供电维护管理工作，属地铁路局负责受托管段内的过程监管。经铁路总公司、公司和铁路局三方商定，京沪高速铁路除上海虹桥、南京南、天津西枢纽接触网工程，虹桥、昆山、南京南牵引变电所变电工程，天津西电力变电所电力工程仍由所在铁路局供电段维管外，其余由中铁电化局维管公司负责维修管理。第三方维管设备总量占京沪高速铁路供电工程设备的 90% 以上。

为做好第三方维管工作，在铁路总公司指导下，公司研究制定了“京沪高速铁路供电设备维管工作考核办法（试行）”，并与路局协商，由供电段有针对性地对第三方维管单位建立“一对一”的监督关系和季度监管考评制度，形成两级三方共管的格局，充分发挥第三方专业技术优势和路局安全责任主体现场监管的优势，为确保设备稳定运营创造了条件，也为推行新的维管模式成功提供了保障。

自 2012 年 4 月 15 日中铁电化局维管段正式接管后，他们发挥熟悉设备和专业技术能力强的特点，把保证设备设施早日进入稳定状态作为首要工作目标，制定了以全面平推整治和专项设备治理相结合为手段的整治计划。首期共进行专项整治 19 项，季节性整治四大项近百万处，处理设备问题 8 000 多处，保证了供电系统平稳度过过渡期，进入稳定工作状态，同时也验证了新的专业维管模式的成功。

（2）防灾系统为代表的专项委外维护

高速铁路防灾系统使用的是一套全新设备，对保证高速铁路运营安全作用重大。依据铁路总公司《高速铁路灾害监测系统维护办法》（铁总运〔2013〕142 号）要求，其维护管理由工务设备管理单位负责，但铁路工务管理系统现阶段还不具备防灾设施设备维护专业技术能力。面对这一现实，公司与各铁路局进行多轮研讨和协商，确定由各铁路局委托第三方——生产厂商负责维护管理。各铁路局均与防灾设备生产厂商签订了京沪高速铁路防灾设备维护委外合同，维护费用纳入铁路局与公司签订的委管费用中。由生产厂家负责系统的日常维护和应急处置工作，铁路局定期与厂商联合进行设备检查检验，对产品部件进行升级和更换，既保证了防灾系统设备维修的专业化，同时也为高速铁路工务系统特种专业设备设施的维护维修提供了参考模式。

与此同时，对于车站机电设备设施、楼宇智控及特殊结构桥梁健康监测系统等维护及精测网复测、构筑物变形监测等专项工作也实施了专项委外（厂商或专业公司）管理模式。

（二）以示范线建设推动维修管理的科学化、标准化

为推进京沪高速铁路标准示范线建设，中国铁路总公司运输局工务部、公司牵头，

组织北京、济南、上海三个铁路局以及中国铁道科学研究院、中铁工程设计咨询集团有限公司（以下简称中铁咨询）、铁路总公司信息中心、西南交通大学等单位参加，以“建立科学的维修体系和管理模式，使京沪高速铁路线路质量均衡、稳定和提高，实现京沪高速铁路安全生产管理有序可控，并以京沪高速铁路为龙头，促进我国高铁工务维护管理水平整体提高”为总体目标，重点围绕安全风险控制、设备质量、设备维护、管理体系与队伍建设等方面，采取示范线建设与年度任务落实、维修技术提升、管理制度完善和标准化建设相结合的方法，开展了为期三年的“京沪高速铁路标准示范线建设”活动。

在铁路总公司的领导下，参加单位共同研究制订了《京沪高速铁路标准示范线建设三年计划》，将建线工作细化落实到四大项 67 分项，每个分项均明确了具体内容、目标、负责单位、配合单位和分年度推进计划。原铁道部运输局以《关于印发京沪高速铁路标准示范线建设三年计划的通知》(运工高线函〔2012〕255 号）明确了具体要求。各相关单位按要求根据项目分项和推进计划制定了实施措施和推进计划，明确责任部门和责任人，扎实推进标准示范线建设各项工作。为了加强过程中各单位间的交流和做好阶段小结，有效推进建线工作，建立了年度检查调研和交流研讨机制，分阶段及时小结，过程中不断交流推进，积累经验，不仅有效促进了京沪高速铁路标准示范线建设工作的顺利推进，同时也及时发挥了建线过程经验的示范作用。2013 年 1 月 27 日 ~ 2 月 1 日,运输局组织对标准示范线建设进展情况进行检查和调研，阶段小结了推进工作，并下发了《铁道部运输局关于进一步推进京沪高速铁路标准示范线建设工作的通知》(运工高线函〔2013〕119 号)。2014 年组织了进展情况核查和分项目小结专题研讨会，全过程掌握各单位工作完成进度和质量，帮助协调解决建线过程中出现的困难。两年多来，京沪高速铁路标准示范线建设工作基本完成，全线安全风险控制取得实效，并以京沪高速铁路标准示范线建设为平台，在设备检查监控、维修技术研究和应用方面取得实质性进展，研发了钢轨表面伤损涡流和磁粉检测、道岔和伸缩调节器钢轨折断实时监测、XJ2 型铁路建筑限界检测、车载式道床刚度检测等技术和设备并进行试用，完善了高铁工务设备检测监测系统；推广应用了探伤车与探伤仪相结合的钢轨探伤技术、车载巡检系统与人工 + 精密仪器检测相结合的无砟轨道动静态检测技术；对无砟轨道环境条件、结构温度、结构裂缝或离缝、混凝土材料耐久性等监测检测技术开展研究，并对无砟道床断面检测开展预研究；开展了高速铁路扣件系统变化规律研究，组织对扣件扭力矩衰减、轨距变化情况进行检测，分析扭矩衰减及轨距变化规律；开展了京沪高速铁路基础设施监测技术研究，通过对轨道部件及其下部基础的动态、在线、非干扰式、在线监测和监测数据的综合分析，建立列车运行、轨道设备状态变化相结合的综合监测分

析体系，为高铁养修提供依据和指导；在对京沪高速铁路等客专线声（风）屏障维护管理和检修技术、工艺的探索研究的基础上，优化了我国高铁声（风）屏障立柱基础锚固方式并已在部分新线建设中得到了实践应用。多项科研课题的研究成果将纳入新的修程修制，自主研发的双轨自走行B型扫描钢轨探伤小车、SIWEI智能轨道检查仪、钢轨打磨吸尘小车、高速铁路CRTS Ⅰ型板式无砟轨道线路轨距调整器等实用检修机具已在多条铁路应用。在全线开展了钢轨快速打磨技术应用示范性推广和高速道岔大机打磨试验工作，探索高速铁路钢轨和道岔预防性维护方法。

组织开展了全线精测网复测、构筑物变形普查，并对区域沉降、软土地区、差异沉降突出段等重点地段开展跟进监测和综合分析，建立并完善了委托运输管理模式下的精测网维护与复测、构筑物变形监测与应用管理体系，为运输局工务部牵头组织编制全路“运营高速铁路基础变形监测管理办法”、“高速铁路运营期精密测量控制网管理办法”提供了经验依据。在管理方面，总结了全路第一个高铁工务段——济南西工务段探索的铁路工务普速、高速分开管理的模式，使高铁工务段专业化管理模式在全路逐步得到认同；总结了在北京高铁工务段实行高铁分线管理模式，使高铁工务维护分线管理所积累的经验得以分享；实际验证并确定了高铁工务300公里设车间、100公里设工区的机构设置标准，积累了进一步优化和完善的经验，将在全路推广；在京沪高速铁路上以保养点为基础，以工务为龙头的高铁“生产生活一体化”综合维护管养方式得到推广应用，所倡导的以“轨道车为主、汽车为辅”的高铁检修交通方式得到广泛认同；在生活上，京沪高速铁路公司率先根据现场实际需要启动了生产生活设施补强工作，全路新开工建设项目比照京沪高速铁路标准及时进行了变更设计补强，已开通高铁和客专项目也逐步启动了生产生活设施补强工作。同时运输局也通过年度工务工作会、工务技术研讨会等形式，及时将京沪高速铁路标准示范线建设取得的阶段性成果和经验提供给相关铁路局和客专公司，对我国高铁工务维修管理水平整体提高发挥了龙头作用。

（三）建立委受双方维管对接制度

针对高速铁路设施设备维修特点和标准的要求，在铁路总公司指导下京沪高速铁路公司与三个路局建立了维修管理对接机制，即每年召开一次分专业的设备运用研讨会。由京沪公司发起组织，铁路总公司主管部门主导，北京、济南、上海铁路局业务处及沿线承担维修工作的站段参加，根据需要邀请科研单位及原设计单位参加对接会。各路局分别报告重点工作推进情况，提出需要研究解决的问题；公司重点报告公司在更改、大修、专项整治的投入和各路局的完成情况，以及公司在安全风险和资产管理方面关注的问题。铁路总公司业务部门根据标准示范线建设的要求，结合全路高速铁路养护维修情况进行讲评，并提出工作要求和方向。通过对接制度的建立，畅通了委受双方的沟通渠道，及时学习把握铁路总公司专业技术标准和规范；通过交流，梳理出专业设备运用管理、更新改造、专业维修等方面需要解决的重点问题；同时也进一步明确了委托运输管理模式下铁路总公司、合资公司、维修单位的责任、义务和作用，保证了京沪全线的维护标准完整、统一，对提高全线的维修管理水平起到重要作用。

（四）做好生产生活设施保障

为做好委托运输模式下的设备设施维修管理人员的生活保障工作，公司认真落实原铁道部“关于印发《生产生活配套设施 2011—2013 建设规划指导意见》(铁计〔2011〕153 号）和《“十二五”铁路职工生活规划》(铁办〔2011〕150 号）的通知”精神，通过现场调研，听取路局相关单位意见，以适应高铁发展需要为前提，前瞻性地提出保养点建设、管理、运转实行“统一规划布局、统一生产组织、统一事务管理、统一公共设施、统一文化线、生产线建设”的“五统一”原则，根据现场实际，适当考虑未来发展，重点做好保养点生产、生活设施配套的完善和补强，使保养点设施不但够用还要好用。职工宿舍按照定员人均 18 平方米配套，基本做到两人一间，并在各保养点内增设了篮球场、羽毛球场等文化活动场所和洗衣房、晒衣棚、自行车棚等生活设施。保养点的管理统一实行以工务专业牵头的一体化管理模式，为设备维修管理人员提供了一个良好的生活环境。

二、创新设备维修方法和手段

为保证运营设备设施始终处在良好状态，确保运营安全。公司作为法人、资产管理者，在委托运输管理的模式下，一直不放松对设备设施的监督管理，并与受托维管单位一起，对维修手段和方法进行积极探索和创新。

（一）创新高速接触网维修方法

1. 探索接触网维修新方法，全面开展集中修

自 2013 年下半年起，根据铁路总公司的部署，结合京沪高速铁路的设备状况，维管公司对高速铁路接触网检修进行了专业化集中修的试验。集中修由具有丰富施工、运营维护经验的队伍承担，按照精细化要求，配备现代化检修工机具，检测先行，科学诊断，对设备进行平推整治。该作业模式具有专家会诊、体检、预防、延寿和节约等功能，采取单元模块检修和“三三”检修法，目的是从源头上消灭高速接触网缺陷。通过专业化集中修的设备，再未出现因检修不到位造成的设备故障，预计能够实现“一修管五年，五年修一遍”的目标。2013 年8 月，公司开始全面推广专业化集中修，集中

时间、人力、物力对接触网设备进行有重点的、全面的检修，有效避免了传统检修模式的诸多弊端，发现并整治的缺陷数量大幅提高。

工人们在精细化检修接触网

工人们在进行送电前的精细化检测

2. 以降低全寿命维修成本为原则，以动态检测状态修为手段，探索高速接触网修程修制的改革

动态检测状态修是目前国际上先进、成熟、高效的接触网维修模式，在开展集中修的基础上，开展基于动态检测状态修的精测精修试验，是京沪高速铁路实施铁路局监管下牵引供电委托第三方维管优势的体现，是配合铁路总公司完善接触网修程修制改革的有益尝试。为配合铁路总公司运输局供电部《高速铁路接触网精测精修实施办法》(讨论稿）的实行，在滕州东至枣庄段开展了精测精修先导试验工作。成立了以铁路总公司供电部、公司、铁科院、设计院、铁路产品质量监督检验中心、相关铁路局、维管公

司以及西南交大等多家单位组成的实施机构，各参加单位分别具有动态检测、静态检测、零部件检测检验、设计以及维护管理等能力。实施机构先后进行了三次方案研讨，形成以动态检测先行、静态检测确认、专家组专项分析、设计院提供解决方案，维管公司组织实施、静态检测复验、动态检测最终状态确认的流程。配套实施了接触网零件的震动疲劳研究，制定了与精测精修相配套的接触网关键零部件的抽检种类、位置、标准，按照实际工况进行检测，准确判断其预期寿命。通过精测精修，从接触网的整体性检测对比入手，采用接触检测、非接触检测以及日常检修相结合方法，发现缺陷，划分等级，从而达到预判进行规模化检修的时间。精测精修试验，从检测能力、问题判定、咨询设计、方案实施乃至到竣工验收，形成了一套严谨的程序，环环相扣，是典型的闭环式管理方式。实践证明，这种方式适用于运行条件复杂的接触网检修，维修程序更加规范。

员工利用夜间天窗点校核相关技术数据

（二）工务设备维管的信息化建设

鉴于京沪高速铁路线路长，工务设施设备数量大、技术复杂、检查检测工作量大的特点，公司和三个受托铁路局积极推进工务信息化管理。由公司牵头，联合铁科院工务安全生产管理信息系统开发小组，组织开展精测网复测与构筑物变形监测信息管理、特殊结构桥梁健康监测等工务设备设施维管信息化管理平台的开发和应用，探索并初步建立起京沪高速铁路工务设备维管信息化管理体系。经在济南西高铁工务段开展应用试点和深化开发，完成了高速铁路运营监测管理与分析系统，开发完成的工务安全生产管理信息平台，综合利用工务设备台账数据、检测检查数据、修理作业数据、设备监测数据、通过总重数据、地理信息等，建立了工务安全生产综合数据共享平台，实现了工务设备、养路机械设备、动静态检测检查、状态分析、施工维修、调度指挥、物资保障和

安全生产等的全过程信息管理，对强化工务维修管理发挥了重要作用。

（三）供电设备维管的信息化建设

为满足供电设备检测、监测、维修及应急抢修指挥需要，以统一、模块化信息平台为载体，以整合供电维修调度系统、综合视频系统和 SCADA 复视系统为手段，建设了京沪高速铁路供电检测监测信息中心。这个中心具备运行、检测、监测数据综合分析等功能，为高速铁路供电安全检测监测（6C）系统设备提供接入条件。

检修人员正在使用移动智能巡检终端上传记录数据

供电检测监测信息中心由综合平台、维修管理和智能巡检三套系统组成，各系统自成体系分别负责不同的业务流程和工作任务，对生产和维护提供技术支持和数据统计等功能。同时三套系统又相互关联，相互之间能够串联和共享。综合信息平台通过统一的操作界面，调用维修管理、综合视频、SCADA 和 6C 系统中的数据或功能，实现多平台的综合管理，并具备智能联动功能，当供电故障发生时各系统之间会通过 SOA 接口，将故障信息上报到综合信息平台。综合信息平台通过对故障信息的分析整理，利用 GIS 平台快速定位故障点的地理位置，通过对地理坐标的判断、智能管理和故障点附近相关资源等情况，为故障的快速抢修提供技术支持。

通过新开发的维修管理系统，实现对设备基础信息的管理，对设备运行状态进行监管，对检测数据进行汇总、分析，对设备缺陷进行追踪管理；具备制定年度、月度计划和统计汇总年度、月度计划的功能，实现实时提示设备维护时间和定制作业工作票等能力。新研发的智能巡检系统是一套集检修、检测信息的综合系统，通过移动智能终端，实现一线工人实时对计划工作票、图纸资料及各种报表的查看调阅，能够将接触网、变电和电力设施设备的巡视、检测和检修数据结果实时上传到维修管理系统。

三、提高维修技术水平

（一）组织科研试验

京沪高速铁路采用大量新技术、新装备和新材料，在长期的运营中经受着考验，也必然会产生过去没有遇到过的新情况和新问题。京沪高速铁路公司高度重视设备动态和可能出现的问题，为防患于未然，结合技术发展及装备管理，主动组织科研试验，制定了《京沪高速铁路股份有限公司科研课题管理办法》(试行)，对科研工作的组织管理、课题立项、经费管理、课题实施、课题结题、知识产权、考核评价等方面作出具体规定。截止到2014年，科研课题立项15项，其中报铁路总公司立项5项。《高速铁路路基结构维护整治技术研究》已经结题。正在开展“无砟轨道病害机理专项深化研究”；参与了“高速铁路CRTSⅡ型板式无砟轨道底座板与充填层伤损修复关键技术研究（2012G008—A）”和“CRTSⅡ型板式无砟轨道温度变形与控制措施研究（Z2013—G001）”等课题的研究；组织铁三院、中铁十七局、中铁十九局、铁科院及北京铁路局开展运营线CRTSⅡ型板式无砟轨道底座板修复机具与工艺方法研究；投资并参与铁路总公司立项的《高速铁路线下工程病害机理与快速检测识别技术研究——高速铁路地下水位变化影响与对策的研究》课题研究；参与铁路总公司重大课题《不同等级铁路路基关键技术深化研究——高速铁路软土复合地基长期变形规律及维护技术研究》等。

（二）积极应用先进成果

在铁路总公司指导和铁路局全力配合下，公司发挥资产管理优势，组织受托铁路局和中铁电化局集团有关部门，积极运用先进科技成果，对出现的规律性问题和病害进行了专项整治，既保证了京沪高速铁路本线的运营安全，又为全路同类问题的解决提供了有益的借鉴。京沪高速铁路开通运营以来，公司先后有针对性地运用多项先进科技成果进行试验和专项整治，收到良好的安全和经济效益。

1. 钢轨快速预防性打磨技术

京沪高速铁路开通后，在隧道前后，曲线地段，钢轨出现不同程度的波磨现象。如采用国内现有大型打磨车打磨，不但速度慢，而且对高速铁路钢轨损伤大。京沪高速铁路公司通过技术搜索，了解世界先进技术，组织开展钢轨快速打磨技术应用示范和高速道岔大机打磨试验工作，探索高速铁路钢轨和道岔预防性维护方法。

技术人员在进行波磨检测

经铁路总公司批准，公司组团出国考察钢轨快速打磨技术和有关技术服务引进工作。由京沪高速铁路公司牵线，中铁物资总公司与德国福斯罗公司（钢轨预防性打磨技术拥有者）联合成立铁福公司，引进德国高速铁路钢轨快速预防性打磨设备和技术。公司与铁福公司签订钢轨打磨技术服务合同，在完成济南段济沪联络线和京济联络线试验和评审后，公司按照铁路总公司安排，于2013年5月26日开始，在京沪高速铁路正线组织进行钢轨快速打磨示范性推广工作。通过在济南铁路局的快速打磨工艺试验和2013年度全线预防性打磨的实践证明，钢轨快速打磨技术对提高轨面平直度、去除轨面硬化层、改善轨面波浪磨耗状态等效果明显，且施工作业效率高。

钢轨打磨现场

北京、济南和上海铁路局高度重视快速打磨作业，专门成立施工领导小组，组织工务段、相关部门和单位，细化分工、各司其职、严格安全控制、积极协调，保证了打磨工作的有序进行。铁路局和铁福公司对打磨后的钢轨变化进行跟进监测，为钢轨寿命变化和病害发生规律、预防性打磨最优周期的研究积累了基础资料。

技术人员分析检测打磨后的钢轨数据

2. 钢轨灼伤整治技术

京沪高速铁路开通后，发现车站正线及侧线绝缘节处钢轨及绝缘节有被电弧灼伤现象，个别车站损伤日趋严重，形成安全隐患。为此公司成立由设计、运营等9家单位组成的专项课题研究组，在铁路总公司指导下，经过现场测试、数据分析、方案研究、成因分析，并经专家审查，形成测试报告及整治方案，不但找出了钢轨及绝缘节电弧灼伤的原因，而且基本解决了电弧灼伤的问题。这项技术在全路推广使用，确保了行车安全。

3. 道岔转辙机缺口视频监测技术

道岔转辙机缺口直接影响尖轨的密贴，关系行车安全。利用现代视频传输手段，在道岔转辙机内安装高像素红外摄像头，采集转辙机内缺口位置图像，由处理器进行图像处理和特征参数提取，实现对表示杆缺口偏移量的精确计算。并把道岔振动过程、过车振动、当前缺口位置图片、缺口位置信息、振动等数据，通过通信线路传送到机械室内。转辙机缺口的实时图像监控功能，让设备维护人员在室内非常直观地看到转辙机缺口的实时工作状态，减少上道时间和维护工作量。该项技术还可以反映较长一段时间内，缺口的变化趋势，为维护人员准确了解缺口的状态，提供了良好的载体，实现了转辙机缺口由人工检测到微机检测的转变，保证了京沪高速铁路的高效安全运营。

第六篇

效益显著

第六篇　效益显著

京沪高速铁路开通运营三年多来，在党中央、国务院领导的亲切关怀下，在铁路总公司党组的正确领导下，公司与受委托铁路局团结一致、各负其责、共同努力，实现安全生产持续稳定、服务质量持续提升、运输收入持续增长、公司经营状况持续向好，取得了显著的经营业绩和社会效益。

一、京沪高速铁路建设意义重大

建设京沪高速铁路是党中央做出的重大决策，对缓解东部地区运力长期严重紧张局面，改善地区交通结构，完善综合交通运输体系，促进我国经济社会发展，提升国家现代化水平，更好地服务广大人民群众都具有重要意义，其影响极其深远。京沪高速铁路彰显了交通基础设施对我国经济社会的巨大影响，其蕴含的驱动作用、促进作用、聚集作用、联动作用，对整个经济社会具有显著的叠加和辐射效果。

1. 京沪高速铁路是资源节约型、环境友好型工程的典范

京沪高速铁路沿线所经地区经济发达，土地开发利用率高。京沪高速铁路联通环渤海、长三角两大经济圈，连接北京、天津、济南、南京、上海等大城市，沿线也是我国经济对外开放的前沿阵地。我国土地资源有限，人均耕地面积少，京沪高速铁路沿线七省市更是资源稀缺，人均耕地面积低于全国平均水平。节约土地和保护耕地是我国的基本国策。京沪高速铁路前期工作充分，在项目论证、线路选择、规划设计阶段就考虑到用地效率、节约用地问题。对线路走向、路桥比例、站点设置等都做了充分比较，最大限度地减少占地，缩减建设成本。在路桥设置上本着宜桥则桥、宜路则路的优化原则，少占农田，节约耕地。通过全线施工图优化后，比可行性研究阶段少占 2 万多亩土地。京沪高速铁路沿线交通便利、河流道路纵横，桥梁的增加既避免了对环境的切割，又提升了生态资源的立体化运用效率。

据有关专家测算，京沪高速铁路线路占地仅为京沪高速公路的 1/2。京沪高速铁路使用动车组运输，直接减少了二氧化碳等污染物的排放，降低了对环境的污染，其产生

的替代节能效应约为 80 万吨燃油/年，对减少碳排放的贡献约为 200 万吨/年，实现了节地、降耗、环保、和谐的新成果。

2. 京沪高速铁路的建设彰显了我国的自主创新能力，为我国高速铁路“走出去”奠定了基础

京沪高速铁路的前期研究和工程建设，建立、完善了具有中国特色、世界一流的高速铁路技术体系和技术标准。京沪高速铁路不仅在建造技术、施工能力上取得一大批创新成果，而且为牵引电化、通信信号、装备制造等提供了试验场，建立了大量新技术、新装备的聚集创新平台，尤其是推动了我国铁路装备制造业的跨越发展，大大提升了我国技术装备水平，拉动了国家新产业、新材料、新技术和新工艺的发展。通过引进消化吸收再创新，制造工艺、检测和研究实验能力得到大幅提升，缩小了与国际先进水平的差距。京沪高速铁路促进了产学研之间的有机结合，培养了一批具有创新能力的研发团队、制造团队和维修团队，形成了以高铁为核心的产业集群，带动了一批中小企业和民营企业的发展，推动新兴产业群的形成，构建了主体厂家和支援企业间的互动依存和共同发展的新局面。

绿色掩映京沪高速铁路

以京沪高速铁路为代表，中国高速铁路的发展取得了举世瞩目的成就，通过自主创新、集成创新和引进消化吸收再创新，中国高铁技术已进入世界先进行列，在工程建造、装备制造、运营管理等方面都有我们自主知识产权的成套技术和设备。这三种技术相互融合构成了中国高铁“走出去”的硬实力，同时又具有工期短、质量高、造价低的比较优势。京沪高速铁路的建设实践也为“走出去”集聚了各类专家、学者和工程建造、装备制造技术人才。高速铁路已成为我国在国际舞台上的一张闪亮名片。

深水大跨南京大胜关长江大桥

3. 京沪高速铁路完善了铁路网规划布局，推动了综合交通运输体系的形成

既有京沪铁路在 20 世纪 80 年代虽然进行了多次强化改造，但是随着经济社会的发展，越来越不适应需求，到 20 世纪 90 年代一票难求、一车难求的状况更加严重。

京沪高速铁路的开通极大地提升了京沪通道铁路运输能力，有效缓解了京沪运输通道运能紧张的压力，释放了既有京沪线的货物运输能力。京沪高速铁路的建设使得京沪运输通道形成了以 103、104、105、205、312 等普通公路为基础，以京沪高速铁路、京沪既有铁路、京沪高速公路为骨干，与京杭大运河和民航共同组成的覆盖北京、天津、上海市和河北、山东、江苏、安徽省的京沪综合交通网络，发挥了运输的整体优势和集约优势。虽然受客观经济环境的影响，目前既有京沪铁路的货运能力还未显现出来，但随着我国改革开放的深入发展、稳步推进，京沪铁路的货运能力将会得到充分利用和发挥。现在依托京沪高速铁路实现了铁路运输能力储备，等待机遇的到来。

京沪高速铁路是国务院批准的《中长期铁路网规划》的标志性工程，是我国“四纵四横”快速客运网的主骨干。既是贯穿我国东部路网的大动脉，又是承接南、北高速铁路，连接中西部地区客运专线的路网核心和“神经中枢”。京沪高速铁路的开通运营加快了中国高速铁路建设的进程。京沪高速铁路为我国经济发展注入了新的动力，为打造东部地区经济走廊提供了助力。京沪高速铁路通过与京哈、太青、徐兰、沪汉蓉、沪昆和沪杭等 10 多条高速铁路的连接，通过其强大的运输能力和汇聚辐射效应，实现了重要节点的整体联合，扩大了通达范围。随着京沪高速铁路跨线列车占比的增加，京沪高速铁路的通道效应将更加得以彰显。京沪高速铁路改变了原有的交通格局，打造了安全、方便、快捷、舒适的新型交通方式，促进了各种交通方式之间的合理分工与相互配合，为人民群众的出行提供了多样化的选择。

整装待发的动车组

二、公司经营效益持续向好

1. 运输能力大幅提高

2011 年 6 月 30 日京沪高速铁路全线开通后，随着客流增长，逐渐增加动车组开行列数。2011 年半年时间累计开行列车（包括本线始发终到列车和其他线始发或终到途经京沪高速铁路的列车，下同）26 493 列，日均 143 列；2012 年全年，累计开行列车 64 126 列，日均 175 列，同比增长 22. 4%；2013 年全年，累计开行列车 72 240 列，日均 198 列，同比增长 13. 1%；2014 年全年，累计开行列车 94 635 列，日均 259 列，同比增长 30. 8%。

2. 旅客发送量持续增加

从 2011 年 6 月 30 日至 12 月底，京沪高速铁路开通半年，全线累计运送旅客 2 445. 2 万人次，日均 13. 2 万人次；2012 年全年，累计运送旅客 6 506. 9 万人次，日均 17. 8 万人，同比增长 34. 8%；2013 年全年，累计运送旅客 8 389. 8 万人次，日均 23. 0 万人次，同比增长 29. 2%；2014 年全年累计运送旅客 10 588 万人次，日均 29. 0 万人次，同比增长 26. 1%，当年运送旅客首次突破 1 亿人次。高峰客流不断刷新历史纪录，2014 年春运期间单日最多运送旅客 33. 5 万人次，“五一” 小长假单日最多运送旅客 38. 2 万人次，“国庆” 黄金周期间单日最多运送 41. 6 万人次。

3. 经营效益持续上升

京沪高速铁路从 2011 年 6 月底开通运营至 2014 年底累计运送旅客 2. 8 亿人次。无

论是运送旅客的总票收，还是京沪高速铁路全线经轧差后的清理结算收入都呈现逐年增长趋势，从2012年起按同口径比较，这三年来每年都在以减亏（或增盈）20多亿元的速度持续稳步增加。随着客流增长，各车站商业服务业收入也逐年增长。开通三年多来，2014年度按全口径核算——包括按规定比例提取设备折旧、归还贷款和利息、依法纳税等，公司首次实现盈利。

繁忙的北京南站

三、京沪高速铁路助推地方经济发展

2014年，在铁路总公司支持下，公司联合中国社科院对京沪高速铁路经济社会效益进行了调研。通过走访京、津、冀、鲁、皖、苏、沪七省市发改委、铁路办、交通厅（局）等相关部门和铁科院、中国中铁、中国铁建、南车、北车等企事业单位，实地考察了24个车站以及部分车站周边开发情况。大家一致认为，京沪高速铁路建设和开通运营的直接与间接经济效益都是显著的。

1. 京沪高速铁路拓展了沿线区域产业发展空间，推动了产业结构优化升级

交通运输是决定沿线城市及区域的经济建设和产业发展的重要引擎，京沪高速铁路以其安全、快捷、方便、舒适、环保等特点，将多个城市有效连接在一起，从而形成了一个具备较高可达性的经济走廊。高速铁路拉近了城乡、区域间的距离，降低了地区间、城市间的运输成本，逐步消除了地区间竞争的阻碍，实现了基于人流的信息流、技术流、资金流等要素流动，为沿线区域的产业结构优化奠定了坚实基础，强化了各个产业在不同区域的集聚与扩散效应，一定程度上避免了产业结构趋同的负面影响。

京沪高速铁路的建设不但带动了钢铁、水泥、机械等产业的发展，而且即时扩大了

沿线生产性服务业和生活服务业的规模。

京沪高速铁路的开通，不仅有利于京、津、沪这三个核心城市的高端服务业和高技术产业发展，还有利于沿线其他城市和次发达地区的产业承接和转移。京、津和长三角地区受土地、能源等资源限制，传统制造业的成本越来越高，迫切需要将劳动密集型和高能耗型产业转移出去，为高新产业和现代服务业腾出更多发展空间。京沪高速铁路开通，无疑是实现跨地区产业合作与转移的“绿色通道”。高铁有助于京、沪两大中心城市向河北、山东、安徽、江苏等沿途省份实施产业转移。这一方面促进核心城市发展旅游、商务等现代服务业；另一方面拓展了沿线区域产业发展空间，促进了沿线城市经济发展方式转变和产业结构升级，产业集群规模优势显现。

2. 京沪高速铁路改善了沿线城市基础设施环境，促进了人才和技术的交流

京沪高速铁路的建设，为沿线城市带来了新的发展契机，各地政府对高铁车站经济区进行规划，加快了基础设施建设。都知道要充分发挥高铁效应，必须有与之相对应的机构和设施，才能承接高端城市的产业转移，才能引进人才，才能吸引外资的进入。德州市自高铁开通以来，其高铁新区和南部生态片区基础设施建设全面铺开，达 70 平方公里。新区站前广场、“七纵八横”道路、新城文化设施等重点工程进展顺利。其中与京沪高速铁路配套的德州综合客运站，占地 300 亩，建筑面积 12.7 万平方米，还有连接高铁火车站、汽车站、既有铁路火车站，并经过主要风景区、商务区、政务文化中心的快速公交线建设，全长 23 公里，设站 50 余处，配置高档车辆，运行速度可达 25 公里/小时，线路单向高峰小时可提供 1 000 人次的运能。这些基础设施的建设，都利用了高铁新区的优势，加快了德州的招商引资和产业结构升级。

为迎接京沪高速铁路的开通运营，徐州高铁站区于 2009 年开始建设，在京沪高速铁路开通前即完成了徐州东站客运枢纽配套建设，不但满足了徐州东站的顺利开通运营，而且通过对车站周边几座历经多年石灰岩开采，破碎、残缺山头的地形地貌的综合规划治理，包括邱山—凤凰山除险整形、山体复原景观改造、高铁站东西广场景观建设、道路景观绿化、高铁两侧防护绿地建设、凤凰山景观亮化工程等，极大地改善了徐州高铁站的生态环境，树立了徐州高铁站区生态、环保、美丽的窗口形象。并且相继完成了站区配套路网及市政设施建设、站前高架桥建设、站前地下停车场建设、公交首末站综合楼建设、长途客运站建设、轨道交通一号线预留通道建设、主干道人行道建设以及高铁站区的供配电系统建设，为新城的开发建设奠定了基础。高铁站区商务办公楼、商务酒店以及房地产开发项目正在快速推进中。同时，为进一步承接京沪高速铁路的辐射效应，在现高铁站区核心东南，徐州市规划建设 18.6 平方公里的高铁商务区。

徐州东站周边一座新城拔地而起

京沪高速铁路苏州北站虽远离市中心 10 公里，但是苏州市依托苏州高铁站，加快配套交通基础设施建设，既加强了与老城区的联系，又做好对外开放、承接转移的准备。一是快速通道建设，包括全长 97 公里的苏州中环快速路建设，奠定了苏州特大城市发展框架；全长 6 公里苏州京沪高速铁路快速路建设，完善了苏州城区快速道路系统，加强了高铁北站与古城区道路网的衔接，拉近了城区各组团的时空距离；二是苏州北站公交站点（包括换乘枢纽功能）、附近公交线网的建设，方便了高速北站旅客的换乘；三是轨道交通建设，南北全长 26.6 公里，自苏州高铁站的轨道 2 号线起，经过城市的“两新城、两枢纽、一商业区”，有效缓解高铁站的交通压力，强化了城市组团的沟通。

苏州北站

京沪高速铁路宿州东站远离老城区。宿州市委、市政府把现代产业园建在高铁新区后，不但相继投资建设多项重大基础设施，提高老城区与高铁宿州东站的衔接能力，并且决定对宿州东站站房、广场进行扩建，加强与周边高速公路的连接。目前宿州高铁站区已成为宿州市经济增长的有力推动点。

宿州东站

京沪高速铁路枣庄站开通后，枣庄市为继续扩大开放、发展外向型经济创造条件，围绕高铁新区新建了大量基础设施，形成了包括站前广场、长途客站、公交客站、出租停车场、社会停车场等公共设施占地 7.3 公顷的对外交通功能区；包括大面积叠落湖面、水下隧道等占地 4.7 公顷的景观水系区；包括零售、餐饮店、酒店等设施建筑面积 1.5 万平方米的对外商服区；包括名人园、工艺园、民俗在内的占地 1.7 公顷的文化展示区；包括旅游服务、娱乐、餐饮、零售、旅店、园林等占地 5.4 公顷、总建筑面积 2.7 万平方米的休闲娱乐区。

枣庄站周边建筑鳞次栉比

常州、无锡等市也都依托高铁车站加强基础设施建设和与主城区的道路连接，促进了城市的发展。京沪高速铁路的开通运营使沿线地区的空间可达性迅速提升，产生联动效应，不但带动了周边的客流量，重要是促进了人才的集聚和流动，加速了地区之间的技术与信息交流。京沪高速铁路将京、津、沪三市高端服务业核心城市连接在一起，信息和技术要素在三个关键节点间快速流通，同时也向中间节点如济南、徐州、德州快速流通，加速了上海向苏州、无锡、常州、镇江、南京、蚌埠及其他地区的技术和信息要素的转移，加速“长三角”和“环渤海”两大经济区的一体化进程。以徐州为例，京沪高速铁路的开通，其作为全国重要交通枢纽的地位得到进一步加强，为徐州带来更多的人流、物流、信息流、资金流。还有蚌埠、枣庄、济南等市，京沪高速铁路的开通，拉近了这些不属于两大经济圈的边缘城市与京、津、沪的距离，加强了招商引资力度和承接产业转移的条件。蚌埠市就先后从京、沪引进了高质量学校、高端科技产业。很大一部分高端客商在枣庄投资，带来技术、资金、人才和信息等资源。济宁市借助京沪高速铁路打破了与环渤海及长三角两大经济圈的交通瓶颈，为济宁市吸引资金、人才、管理以及市场等外来资源提供了保障，主动融入两大经济圈，主动承接产业转移和延伸产业链条，与上海、苏州、无锡、天津滨海新区等签订了产业转移和配套合作协议，在济宁共建产业转移园区，积极促进传统产业的改造升级、经济战略转型。

沿线城市高铁新区的发展，促进了高新技术项目、优质资本、高端人才的集聚，各地也都依据国家法律、法规，制定了有关土地、税收、产业发展以及人才等多方面的优惠政策，加快高铁经济区发展。此外，京沪高速铁路沿线各站点利用多种形式，全方位地对自己进行详细、全面的介绍，提高了沿线城市知名度。

3. 京沪高速铁路促进了沿线城市发展，带动了高铁经济区的开发建设

交通系统是城市发展的关键。交通与区域发展存在着密切的互动关系，交通能够改善其所服务地区的出行时间和成本，改变空间发展竞争的相对优势和劣势，进而改变人口和产业的区域分布。京沪高速铁路的建设拉近了沿线城市之间的时空距离，促进了沿线地区的产业分工和要素集聚。沿线各大中小城市都通过高速铁路的建设调整城市规划，按照“高起点规划，高标准建设，高品质管理”的现代城市理念，以独立功能区的组合型城市规划思想替代原有的“老城摊大饼”的规划传统，抓住“高铁理念”这一城市规划的新契机，关注人性、集聚人气、塑造人文，为沿线城市面貌带来焕然一新的改变。各城市在自身资源享赋和产业发展的基础上，通过京沪高速铁路的带动作用，发挥各自优势，形成了各具特色的城市规划布局和功能分工。

天津西站位于城区西北部，天津市规划部门在京沪高速铁路建设时就规划确定了天

津西站区的城市副中心地位，依托区域交通枢纽的建设和“四河六岸”（子牙河、北运河、南运河和新开河）良好的生态环境、完善的地区功能打造以金融、商业、贸易及信息产业为主体的中心城区西北部综合性副中心。

津门新景—天津西站拉动经济发展

济南市依托高铁效应，改变其西部地区交通和经济相对落后的状况，加快55平方公里新城区规划建设，打造“齐鲁新门户、泉城新商埠、城市新中心”。

济南西站—拉动周边经济发展

南京市借助京沪高速铁路建设对城市规划发展的催化作用，将南京南站所在地区的

新城区规划为占地 184 平方公里、人口 160 万，具有“商务、商贸、居住和旅游”四大功能，定位为“金陵门户、秦淮新港”，建成南京的国际商务核心区。南京市将形成老城、河西新城和南部“新城”三足鼎立的均衡发展态势。

南京南站新城

上海市政府围绕上海虹桥枢纽，建设占地 86 平方公里的上海虹桥新城区已初具规模，成为上海经济发展的新引擎，担当起上海辐射长三角、连接海内外市场的桥头堡。

虹桥站外景

虹桥万科中心将成为虹桥枢纽的创新园区

除这些大城市外，沿线各地级市也借助京沪高速铁路，调整发展格局，开拓发展空间，加快围绕高铁站的新城区建设。

如常州市依托京沪高速铁路常州北站，加快城市建设步伐，扩大城市规模。将高铁常州站作为新城区的核心，周边规划形成枢纽核心区、现代商务商贸区、生态功能区、高尚住宅A 区和 B 区。

常州北站新城

无锡市因势利导围绕高铁无锡站开发新城区，总规划面积达45.62平方公里，扩大了无锡市的城市规模，形成具有“一核双心映高铁、三水六翠显青颜、双轴六廊相联动、三片六翼展新城”的结构。

无锡东站——一座新城拔地而起

借助京沪高速铁路的建设，沿线沧州、德州、枣庄、徐州、宿州、蚌埠等地市基本上都实现了在主城区基础上的“跃进式”增长，突破了一般城市的小尺度，低密度摊大饼式的范式，围绕高铁站点打造具有时代特色的新城区，普遍被作为城市核心功能的有机组成部分和新的经济增长板块。

蚌埠南站

4. 京沪高速铁路加强了沿线区域的经济联系，促进了区域经济的协调发展

京沪高速铁路将环渤海和长三角两个我国最重要的经济区域联系在了一起，串联起沿线十多座中等城市，目前每天近 300 列的动车运行，时间和距离已不再是他们之间交流交融的障碍，形成了“同城效应”，催生了半小时、一小时、二小时、五小时等多个

经济圈，加快了城市之间人员、资金和货物的流动。通过发挥各自资源优势，优化生产力布局，缩小地区间经济差距，有效降低了生产要素的交易成本，调整了区域内部各板块之间产业的关联配套和资源配置，促进了区域间、城市间的产业转移和合理布局、协调发展，还加强了两个经济圈对中段地区的辐射与带动效应，提升了区域经济圈的经济聚合力，使两大经济圈之间加速形成了融合互补的良性合作关系，实现了协同发展。京沪高速铁路还使北京、上海的技术、经营理念、资本等生产要素向沿线地区转移扩散，连接两大经济区的中间地区，不仅能承接长三角产业和资本要素，还能充分享受京津冀的人才、资源优势，从而推进自身的经济发展。

京沪高速铁路经过的区域和沿线城市已成为我国极具活力与实力的经济长廊和新的经济增长极。

5. 京沪高速铁路激发旅游市场的需求，带动了沿线旅游产业发展

交通方式决定旅游方式。京沪高速铁路直接实现了人的快速流动，并首先带动高端商务人群、旅游人群的流动，为沿线地区旅游业的高速发展打造新范式、新路径。京沪高速铁路的纵深覆盖，更是为重新打造和延长旅游线路、优化旅游产品组合创造了难得机遇和挑战。京沪高速铁路连接环渤海和长三角两大经济圈，沿线四省三市人口占全国的四分之一，国内生产总值占全国的40%，这是一个需求旺盛的中高端旅游市场。

京沪通道内也是我国文化底蕴最为丰厚，旅游资源最为集中的区域之一，由北向南依次坐落着举世闻名的首都北京、海滨城市天津、“泉城”济南、“孔孟之乡礼仪之都”曲阜、兵家必争之地徐州、“醉翁亭”所在地滁州、六朝古都南京、“人间天堂”苏州和现代化大都市上海。京沪高速铁路把它们串联起来，涵盖了包括长城、故宫、颐和园、明十三陵、八达岭长城、泰山、“三孔”、苏州古典园林等10处世界自然与文化遗产，八达岭、泰山、南京中山陵、太湖等7处国家级重点风景名胜区，北京、天津、济南、曲阜、徐州、南京、镇江、苏州等10座国家级历史文化名城，以及15个国家5A级旅游景区、100多处全国重点文物保护单位。京沪高速铁路的开通将沿线原本各自独立的旅游城市连接成我国东部最具魅力的黄金旅游经济长廊，不但加强了沿线景点之间的联系，而且提高了区域旅游的可达性，实现了旅游资源的整合和旅游产品的特色化，促进了旅游产业的发展，大大增加了沿线景区旅客数量和旅游消费总额。京沪高速铁路使京沪之间一日往返、主要旅游景点1~2小时内通达，缩短了旅客的出行时空距离，使一日游、短日游、自由行成为常态，既可以利用周末，也可以利用小长假达到“快旅慢游”享受生活的目的，改变了人们的消费理念，提升了人们的生活品质。

曲阜东站

京沪高速铁路扩大了旅游业市场，也带动了沿线旅游产业的发展。沿线相关城市抓住机遇，发挥旅游资源的潜力，完善设施，开发高端旅游项目；整合资源，扩大服务范围，提高服务质量，进一步推动当地经济社会发展。以山东为例，京沪高速铁路贯穿其南北，将济南、泰安、曲阜、枣庄等该省西部城市构成的“山水圣人线”串联起来，使北京和上海到泰安、曲阜的时间缩短为2～3小时，大大激发了长三角、环渤海两大客源地及其以远的客流的需求。尤其是曲阜的发展是最好的例证，曲阜是山东省5A景区“三孔”的所在地。

泰安站

京沪高速铁路开通后，北京到曲阜 2 小时左右、上海到曲阜 3 小时左右，游客数量激增，且客源延伸到俄罗斯、韩国、日本等。旅游资源得到充分开发和利用，特别是节假日，乘高铁来曲阜旅游的人数直线上升。他们不但游玩，而且吃、购、住，大大拉动了当地经济社会的发展。由于旅游业发展的需要，酒店业在曲阜异军突起，京沪高速铁路开通后，县级市曲阜首家五星级饭店香格里拉大酒店在 2014 年实现营业，同时汉庭、锦江之星、格林豪泰等全国知名商业连锁酒店纷纷抢滩曲阜。到 2014 年，曲阜市共有星级酒店 13 家，床位2 600多张，全国连锁酒店、商务酒店 30 多家，床位 3 500 多张，大大提升了曲阜旅游接待能力。同时，曲阜市大力开拓特色游，改变了过去游客短时停留、静态观瞻的旅游方式，相继推出曲阜修学游、乡村游及开城仪式、祭孔展等游客参与性活动，吸引了国内外大批游客。仅 2014 年 1 ~4 月，曲阜市接待修学游客 7 000 多人次；五一小长假，接待游客 25 万人次，同比增长都在 20% 以上。京沪高速铁路给旅游业注入了活力，旅游业带动了当地经济社会的发展。

世界高铁看中国，中国高铁看京沪。公司通过积极探索京沪高速铁路运营管理规律，深入开展京沪高速铁路委托运营和设备维护管理的研究，努力实现世界一流的运营管理目标，必将为推动我国高速铁路科学、协调和可持续发展，更好地服务于我国经济社会发展、满足人民群众出行需求，为全面建成小康社会发挥更大作用。

附　件

附件一　原铁道部及中国铁路总公司文件

关于新建合资铁路委托运输管理的指导意见

铁政法〔2008〕232 号　2008 年 11 月 25 日

各铁路局：

为加强新建合资铁路运输管理，优化资源配置，提高运输效率，确保运输安全，促进合资铁路发展，实现铁路运输经济效益和社会效益最大化，现就新建合资铁路委托铁路局运输管理（下称委托运输管理）的有关问题提出如下规范性指导意见。

一、委托运输管理的基本原则和条件

第一条　实行委托运输管理，应当遵循以下基本原则：

1. 符合铁路改革总体要求。有利于保持路网结构完整、坚持运输集中统一指挥、提高运输效率和确保运输安全。

2. 符合铁路投融资体制改革方向。有利于合资铁路发展，更广泛地吸引社会资金投资铁路建设。

3. 符合委托方与受托方的共同意愿。坚持自愿、公平、诚信、互利原则，充分尊重委托方的主体地位，充分发挥受托方的运输管理优势，实现互惠共赢。

4. 符合法律法规和铁道部的有关规定。严格依法履行企业内部决策程序和相关报批手续，在充分协商基础上签订委托运输管理协议，做到责权利匹配，经济关系清晰，依法合规操作。

第二条　实行委托运输管理的，应当具备下列基本条件：

1. 合资铁路已经竣工，并按有关规定通过工程验收和安全评估，具备开通运营的条件；

2. 委托方是依法成立，并获得相应的铁路运输经营许可的铁路运输企业；

3. 受托方具备与受托业务相适应的运输管理优势，并有能力独立承揽受托的主要

运输业务；

4. 委托方通过董事会或股东会决议，同意实行委托运输管理，并与受托方达成基本共识；

5. 法律法规和铁道部规定的其他条件。

第三条 实行委托运输管理的，必须明确委托和受托各方的安全管理责任。受托方作为运输安全责任主体，对受托范围内的安全生产管理工作负首要责任。

二、委托运输管理的主要内容

第四条 委托运输管理的内容主要是：

1. 运输组织管理。包括客运组织、货运组织、行车组织、调度指挥、列车开行方案、运输计划、车流径路管理等。委托方不设调度台，由受托方集中调度指挥。

2. 运输设施管理。包括场站设施、线桥隧涵、通信信号、牵引供电、信息系统以及相关安全设施设备的使用、维护、修理等工作。

3. 运输移动设备管理。包括机车、车辆、动车组及必要的自轮运转设备的采购、维护、修理、运用管理等。

4. 运输安全管理。包括合资铁路设施设备的安全保障、运输生产过程中的安全管理、沿线安全防护及综合治理等工作。

第五条 涉及铁路行业监管、行政管理的事项以及铁道部另有规定的其他事项，包括铁路安全监督管理办公室、铁路公安机关、铁路卫生监督等部门所管辖事项以及铁路运输收入管理等涉及铁路行业管理规程的有关事项，应当依据有关法律法规和铁道部的规定执行，不纳入委托运输管理范围。

三、委托运输管理各方的权责关系

第六条 合资铁路公司作为委托方，拥有投资所对应的铁路基础设施、移动设备及相关资产，是合资铁路筹资建设、经营管理及债务偿还的责任主体，依法享有委托方的合法权益，独立承担相关民事责任。

铁路局作为受托方，应当依据委托运输管理协议，对受托业务、设施、设备独立承担相应的管理责任、安全责任和经济责任，依法享有受托方的合法权益。

第七条 在委托运输管理期限内，受托方要对受托资产负保全责任。任何一方均不

得单方面以买卖、抵押、出租、挪作他用等方式处置受托资产。

第八条 委托方财务独立，自负盈亏，依法享有运输收入和其他合法收入，依法独立纳税。运输收入管理执行铁道部《运输收入管理规程》及有关规定。运输营业收入按铁道部清算办法办理。

第九条 委托方应当依据委托事项，向受托方支付委托运输管理费用。利用委托方所属资产以外的其他设施设备从事委托运输业务、提供相关服务的，应当根据资产权属关系和实际支出，按项目清算服务费用。

委托运输管理费用，由委托方与受托方协商确定。服务费用清算单价，有铁道部公布价格的项目按公布价格执行；没有公布价格的，以成本费用（含税金）为基础，双方协商确定。

第十条 委托运输管理范围内的客运价格和货运价格，由委托方研究提出实施方案，并按照国家规定的铁路运价审批程序报批。受托方应当依据有关批准文件确定的运价方案执行。

第十一条 委托运输管理范围内的线路检测、精确测量控制网的测量及维护、铁路通信系统维护、牵引供电及电力设施维修等确需第三方提供专业化维护维修服务的，由委托方与受托方共同商定选择第三方，签订三方委托协议，明确三方各自的责权利。

第十二条 委托运输管理所需劳动用工，原则上由受托方内部调剂解决，由受托方与劳动者签订劳动合同，规范管理。

委托方可根据经营管理需要设立精干的管理机构，配备精干的管理人员。

第十三条 委托运输管理各方必须严格贯彻执行国家有关安全生产的法律法规和铁路运输安全管理的各项规章制度及作业标准，通过委托协议明确界定各自的安全管理职责，落实安全管理责任。

受托方应当对受托管理范围内的安全生产工作负责，并承担相应的管理责任。委托方应当确保安全生产设施和安全防护设施的必要投入，并有权对委托业务的安全工作进行监督检查。委托第三方提供服务的，应当明确三方的安全管理责任。

第十四条 委托运输管理范围内发生铁路交通事故、生产安全事故及其他突发事件，受托方应当及时向委托方通报情况，并按照国家及铁道部有关规定进行事故报告，开展应急救援，协助事故调查及善后处理。委托方应当积极做好配合工作。

受托方应当按照铁道部的有关规定，研究制定受托管理范围内重大突发事件应急预案，组织开展应急救援培训和演练。

第十五条 委托运输管理范围内发生非主观过错的铁路交通事故、生产安全事故及其他突发事件，造成作业人员人身伤亡的，由用工单位所在方承担相关费用；造成经济损失的，由财产所有权方承担相关损失。涉及第三方的救援救治费用，由委托方承担或由委托方与相关各方协商共同承担。

第十六条 受托方负责受托管理范围内的运输服务质量和路风工作，应当认真贯彻铁道部有关路风管理的规定，采取有效措施，不断提高旅客货主的满意度，切实维护路风路誉。委托方有权对委托运输服务质量进行监督检查，可委托铁路局具体处理有关路风问题和旅客货主投诉。代理相关法律事务，应当取得委托方的授权。

第十七条 受托方应对受托管理范围内各统计专业的原始数据采集、处理及统计报表提报、统计分析、统计数据管理等工作负责，确保统计数据真实，并接受统计主管部门的监督检查。

受托方应定期向委托方提供有关统计报表数据。除按规定向上级主管部门提报统计数据外，未经委托方同意，不得向社会发布委托方统计数据资料。

委托方未委托铁路局管理的其他专业统计业务，由委托方按规定自行完成统计报表编制工作后，由受托方汇总报铁道部，并接受统计主管部门的监督检查。

第十八条 对纳入委托运输管理的各项业务及相关经济关系，均应当以签署正式协议的方式明确界定各方责权利，协商确定协议项下的违约情形和违约责任。

第十九条 委托运输管理期限的确定，应有利于委托运输业务的持续安全开展，不影响客货列车的正常运行。最短委托期限原则上不应低于2年，具体时间可由委托双方协商确定。

需要修改原协议或者另行签订协议的，在新协议生效之前，各方均应按原协议规定的条款执行。

四、委托运输管理的实施程序

第二十条 实行委托运输管理，委托方与受托方都应当按规定履行内部决策程序，依法规范操作。

第二十一条 委托运输管理事项首先由委托方履行内部决策程序后向受托方提出，并提交公司营业执照、运输经营许可证明、合资铁路验收报告、安全评估报告以及公司同意实行委托运输管理的合法决议等材料。

第二十二条 受托方接到委托方关于委托运输管理的要约后，应当及时进行认真研究，履行受托方决策程序。同意接受委托运输管理的，应当会同委托方研究制定委托运

输管理方案及协议文本草案。

第二十三条 受托方签订委托运输管理协议，应当得到铁道部批准。报批文件应当说明受托方研究论证意见、与委托方商谈的基本情况，以及需要铁道部研究解决的主要问题等，并附委托运输管理协议文本草案以及符合委托运输管理条件的证明文件。

第二十四条 受托方应当依据铁道部的批复意见，与委托方正式签订委托运输管理协议，并报铁道部备案。签订的三方委托防议亦应报铁道部备案。

第二十五条 出现下列情形之一，受托方应重新报铁道部审批：

1. 对协议内容作重大修改的；
2. 重新签订协议的；
3. 要求提前终止协议的。

五、加强对委托运输管理的监督指导

第二十六条 按照“专业归口管理、统筹协调发展”的原则，铁道部各部门应进一步加强对合资铁路委托运输管理的监督检查和协调服务，建立健全管理制度，不断完善工作机制，促进合资铁路委托运输管理工作又好又快发展。

第二十七条 铁道部有关部门按照职责分工，研究制定委托运输的专业管理制度、安全管理制度、财务管理制度、技术与服务质量标准等，指导督促委托各方忠实履行协议，依法合规操作。

六、其他

第二十八条 本指导意见所称“新建合资铁路”，包括 2003 年以来开工新建的合资铁路。其他合资铁路拟采取委托运输管理的，可参照本指导意见，研究商定相关事宜。

第二十九条 本指导意见由铁道部政策法规司负责组织解释。

第三十条 本指导意见自发布之日起施行。

关于京沪高速铁路（北京铁路局受托管段）实行委托运输管理有关问题的批复

铁政法函〔2011〕561号 2011年8月15日

北京铁路局：

你局《关于报送〈京沪高速铁路委托运输管理协议（报批稿）〉的请示》(京铁企管〔2011〕268号）收悉。经研究，批复如下：

一、原则同意你局接受京沪高速铁路股份有限公司（下称京沪公司）的委托，对京沪高速铁路（北京铁路局受托管段）实行委托运输管理。

二、你局应按照铁道部《关于新建合资铁路委托运输管理的指导意见》(铁政法〔2008〕232号）和《关于委托运输管理的合资铁路有关铁路用地管理问题的通知》(铁运〔2009〕17号)，遵循委托运输管理的基本原则，根据本批复精神及反馈的修改意见，抓紧与京沪公司协商完善委托运输管理协议。双方签署的委托运输管理协议报铁道部备案。涉及重大问题要及时向铁道部请示报告。

三、你局要在发挥运输管理优势的同时，充分尊重京沪公司的法人主体地位；严格按照协议履行职责，在协议约定范围内从事受托管理工作；划清资产边界，建立明确清晰的财务清算与核算关系，按照依法、合规、互利、共赢的原则处理好双方各项经济关系；确有必要增加或改变委托运输管理协议有关内容的，要与京沪公司协商修订协议。

四、你局作为京沪高速铁路（北京铁路局受托管段）运输安全管理责任主体，要严格贯彻执行国家安全生产方针、政策和法律法规，严格执行铁道部各项安全管理、技术管理、质量管理的规定、标准、办法和措施，确保京沪高速铁路（北京铁路局受托管段）运输安全。

关于委托运输管理的合资铁路有关铁路用地管理问题的通知

铁运〔2009〕17号　2009年2月13日

各铁路局：

铁路用地是铁路运输生产的重要基础，是维护铁路运输安全的重要条件，是铁路经营的重要资产，是铁路改革与发展的重要资本。铁路用地管理工作是铁路运输管理的重要组成部分。为规范委托运输管理行为，加强合资铁路用地管理，提高铁路用地保障水平和服务能力，根据铁道部《关于新建合资铁路委托运输管理的指导意见》（铁政法〔2008〕232号）精神，现将实行委托铁路局运输管理的合资铁路有关铁路用地管理事项通知如下：

一、凡实行委托运输管理的合资铁路，委托运输管理范围内的铁路用地原则上应纳入委托运输管理范围。

二、铁路局与合资铁路公司正式签订委托运输管理协议时，应将委托范围内有关铁路用地管理的条款纳入协议内容，并列明委托方和受托方的权利、义务和责任。

三、合资铁路公司对依法取得使用权的土地享有占有、使用和收益的权利，承担属于土地使用权人的责任和义务。对于土地权属管理（包括确权领证、纠纷调处、报表填报等）和土地资产管理（包括土地资产处置、收益等）工作，应由合资铁路公司负责。

四、凡纳入委托范围内的铁路用地管理活动，受托的铁路局要根据委托运输管理协议约定的权限和责任，按照铁道部制定的铁路用地管理标准、技术规范和管理办法履行铁路用地管理职责。

（一）受托铁路局对合资铁路用地管理的主要职责应包括：

1. 负责委托范围内铁路用地的守护、巡视工作；制止、纠正违规违法用地行为。

2. 负责做好铁路用地管理业务与其他铁路运输生产业务的衔接工作。

3. 按照委托方提供的用地权属等图件和资料，协助建立铁路用地管理工作台账；

如铁路用地地界参照系发生变化，应及时通报委托方并修改用地管理图和工作台账。

4. 协助委托方做好铁路用地权属管理和其他涉及铁路用地的相关工作。

（二）受托铁路局应根据委托运输管理的实际情况，建立健全规章制度，科学设置工作流程，明确岗位分工职责，确保铁路用地管理工作规范有序开展。在委托管理活动中遇到涉及土地资产处置、收益等事项时，应交由委托方处理。

（三）受托铁路局的铁路用地管理机构对受委托的铁路用地管理工作，应定期向委托方报告。对危及行车安全的违法用地行为和土地权属纠纷案件，在坚决制止事态蔓延的同时，须及时报告委托方和有关行政管理部门，并协助做好相关工作。

五、本通知自下发之日起施行。在本通知下发前已开展委托运输管理，但未将铁路用地管理工作纳入委托运输管理协议范围的，相关单位应按照本通知精神补办有关手续。

中国铁路总公司办公厅关于规范京沪高铁客站商业资产经营开发工作的指导意见

铁总办开发〔2014〕90号　2014年7月10日

北京、济南、上海铁路局，投资公司：

为进一步规范京沪高速铁路（以下简称京沪高铁）客站商业资产经营开发工作，经总公司同意，现提出如下意见。

一、明确基本原则

（一）坚持与客运服务相辅相成、协调发展。要把客站商业资产经营开发作为京沪高铁客运服务的重要组成部分，在确保旅客运输安全的前提下，推动客运组织和商业经营的有机结合，互为促进、共同发展。

（二）坚持依法规范、互利共赢。执行国家法律法规和总公司有关规定，充分尊重京沪高速铁路股份有限公司（以下简称京沪公司）资产所有权益，发挥铁路局专业优势和经营管理优势，规范合作关系，建立利益共享机制，促进互利共赢、和谐发展。

二、建立委托经营模式

客站商业资产经营开发与旅客运输安全关联度大，要充分发挥委托运输管理作用，把铁路局安全管控、地域区位、经营开发等优势转化为京沪公司的集约经营效益，按照“共同招标、共享收益、共担风险、共赢合作”的原则，建立客站商业资产委托经营模式，由沿线铁路局接受京沪公司委托开展客站商业资产经营开发。

三、落实委托双方权责

铁路局应与京沪公司积极协商，签订协议明确权责。

（一）委托方：

1. 享有客站商业资产所有权和收益权。

2. 负责客站商业设施建设、改造投资，提供商业经营必备条件。

3. 审核商业经营开发总体规划、业态布局及基础设施改造等重大事项。

4. 参与受托方组织的公开招标。

5. 建立经营开发业绩分析评价、激励约束机制。

6. 检查监督受托方经营开发，防止、纠正不当行为。

7. 享受和承担其他应属委托方的权责。

（二）受托方：

1. 提供客站商业资产经营管理服务，享有商业资产受托管理权。

2. 研究制定客站商业资产经营开发总体规划、业态布局。

3. 编制招标计划，发布招标公告，邀请委托方参与公开招标。

4. 统一商业形象设计，策划商业营销方案。

5. 承担客站商业资产日常经营管理、维护与协调。

6. 加强商业经营开发人才队伍建设，建立专业化管理团队。

7. 严格执行有关法规和制度，规范经营管理行为。

8. 享受和承担其他应属受托方的权责。

四、共享经营收益

根据铁路客站商业资产委托经营特点，由委托双方共享客站商业资产经营开发收益。

（一）合理分配。委托双方应平等协商、共同确定分配方案，充分尊重京沪公司资产所有者权益，兼顾铁路局经营开发积极性，确保依法合规、合理分配。

（二）投资返还。京沪公司作为资产所有方，是商业配套设备设施及必需物业条件投资主体，铁路局受托开展经营开发相关业务。对于铁路局已发生的应由京沪公司承担的相关投资，经协商或第三方评估后，由京沪公司一次性或分期返还铁路局，具体由双方签订委托经营协议予以明确。对于后续发生的相关投资，经双方共同确认后由京沪公司承担。

五、提升经营品质，完善运行机制

各铁路局要和京沪公司创新机制，形成合力，优质高效地推动京沪高铁客站商业资

产经营开发取得实效。

（一）培育专业化经营主体，推进规模化发展。受托铁路局按照专业化、规模化、集约化原则，推进业务重组整合，优化资源配置，大力培育客站商业资产经营骨干企业，提高产业集中度，集中优势资源做优做强，带动产业创效、规模发展。

（二）加强品牌建设，提升整体形象。坚持引进知名品牌与培育自主品牌相结合，提高京沪高铁客站商业经营品质，满足旅客多样化需求，推动商业资产价值增值。要制定品牌资质、经营规模等准入条件，按照公开、公平、公正原则进行阳光操作，规范引进知名品牌合作伙伴。加强自主品牌建设，构建区域性采购配送网络，强化产品购销渠道管理，拓展产品设计开发能力，提升自主品牌市场知名度。

（三）开发运用 ERP 系统，提高信息化经营水平。铁路局统一开发企业资源计划系统（ERP），构建客站商业经营管理信息网络，提升供应链管理水平，动态掌握经营收入等信息，做到信息共享、公开透明。

铁路局要充分运用互联网、无线互联技术，推进电商体验、线上订货和综合配送有机结合，创新商业模式，打造客站商业立体化、多渠道服务平台。

（四）建立定期联系机制，提高决策质量和效率。由铁路局定期组织京沪公司召开委托经营工作协调会或情况通报会，对经营开发情况和相关问题进行沟通讨论，互通信息，增进共识。受托铁路局应商京沪公司成立相关部门负责人组成的联合办公小组，针对重大问题现场分析、现场办公，及时采取有效措施，提高沟通效果和工作效率，共同推进客站商业健康发展。

（五）规范经营行为，防范经营风险。铁路局要依法加强对客站商业资产经营开发企业的管理，督促企业主动接受和服从铁路运输统一管理，坚持旅客自愿原则，规范服务内容，明码标价，依法经营。要找准市场定位，做好合作企业尽职调查，建立风险防控机制，有效规避经营风险。

六、签订委托经营协议

各铁路局应与京沪公司在平等自愿、协商一致，充分履行内部决策程序的基础上，解除原《京沪高速铁路车站商业委托经营协议》，同时根据本意见精神，自 2014 年起重新签订客站商业资产委托经营协议，并报总公司资本运营和开发部备案。要通过协议明确各方权责、收益分配和运行机制，确保依法合规、合作共赢，有序高效开展客站商业资产经营开发活动。

附件二　京沪高速铁路股份有限公司相关合同

京沪高速铁路委托运输管理协议

甲方（委托方）：京沪高速铁路股份有限公司

法定代表人：

地址：中国北京市海淀区北蜂窝5号

乙方（受托方）：××铁路局

法定代表人：

地址：

鉴于：

1. 甲方系根据中华人民共和国法律成立并有效存续的股份有限公司，是京沪高速铁路筹资建设、经营管理及债务偿还的责任主体。

2. 乙方系依法成立并有效存续的具有法人资格的铁路运输企业，依照法律法规在北京、河北、天津、山东等地区从事铁路旅客、货物运输服务。

3. 经甲、乙双方商定，甲方委托乙方对京沪高速铁路北京南站—德州东站进行运输管理。

双方在严格执行国家、铁道部有关铁路运输管理等法律法规和规章制度的前提下，本着平等自愿、互利共赢的原则，经友好协商，就有关委托运输管理事宜签订本协议，以资共同遵照执行。

第一条　协议目的

规范委托运输管理行为，明确双方责任、权利与义务，确保运输安全，提高运输效率与效益。

第二条　委托运输管理的内容

2.1　甲方将京沪高速铁路北京南站—德州东站范围内的运输组织、运输设施设备管理、运输安全生产等铁路运输工作以及与铁路运输工作密切关联的铁路用地管理、旅客延伸服务、物业等业务委托乙方管理。乙方同意接受甲方委托，按照本协议规定的条款受托管理京沪高速铁路上述运输管理相关业务。委托运输管理的各专业系统管界以铁

道部《关于京沪高速铁路专业管界划分的意见》(铁运〔2011〕32号）规定为准。

2.2　委托运输管理的内容主要包括以下事项：

2.2.1　运输组织管理。包括委托范围内的客运组织、客运管理、行车组织、北京南站—徐州东站（不含）调度指挥、列车开行方案、运输计划、规定的客运服务（列车保洁服务）等。甲方不设调度台，运输调度由乙方集中调度指挥。

2.2.2　运输设施设备管理。包括委托范围内的车站、线桥隧涵、通信信号、牵引供电、电力、给水、铁路房建、信息系统、防灾系统以及相关安全设施设备的使用、维护维修和建筑限界检测、路内外其他设施设备与铁路交叉的审批等工作。其中应属于特别约定的事项，按特别约定处理。

2.2.3　运输移动设备管理。包括委托范围内的机车、车辆、动车组及必要的自轮运转设备的维护、修理、运用管理等。

2.2.4　运输安全生产管理。包括委托范围内的行车安全、设备安全、劳动安全保障和铁路线路安全保护区管理等工作。

2.2.5　铁路用地管理。包括委托范围内的铁路运输生产用地、辅助生产用地和特殊用地的日常管理。主要为铁路用地的守护、巡视等日常管理工作；制止、纠正违法违规用地行为；铁路用地桩界的补设及日常养护维修等。如有特别约定的事项，按特别约定处理。

2.2.6　其他内容：包括委托范围内的统计、路风及旅客投诉、巡线护路、综合治理、安全保卫、消防等应由乙方承担的与本委托运输管理协议相关的业务。

2.3　在委托期限内乙方承担以上各项委托运输管理的工作内容，未经双方同意，不得擅自增删或变更。各项委托内容的专项管理事项及委托费用清算，以《京沪高速铁路委托运输管理专项管理细则》的约定为准。

2.4　涉及铁路行业监管、行政管理的事项以及铁道部另有规定的其他事项，按照有关规定执行。

2.5　京沪高速铁路精测网复测、沉降观测、构筑物变形测量及线路复测、轨道动态检测等如需由第三方承担的项目，由甲方会同乙方与相关业务的承揽方签订专项委托管理协议。

2.6　京沪高速铁路本线运营列车的客票价格、杂费等客运收费，由甲方按照国家规定的铁路运价审批程序报批，乙方按照甲方依据有关批准文件决定的运价方案执行。乙方可以根据实际情况和市场变化，提出委托运输管理范围内价格的调整、浮动或优惠方案建议，提交甲方。建议方案在甲方决策权限范围内的，由甲方决策；不在甲方决策权限范围内的，由甲方按有关规定报批。实施方案经批准或甲方决策后，由甲方委托乙方对外发布。乙方在委托运输管理范围内执行对外发布的价格方案。

2.7　对委托内容中旅客运输业务可能产生的民事纠纷及引发的各类诉讼，甲方授权乙方代为处理。相关法律事务代理事宜另行约定。

2.8　委托管理期限：3年（自　　年　月　日起至　　年　月　日止）。委托期限内如遇国家、铁道部政策调整时，按国家、铁道部规定调整委托管理期限。委托期限届满前三个月，若任何一方未提出终止委托，则本协议委托期限自动顺延一年，届满后以此类推。本协议终止后，若甲方仍决定对京沪高速铁路采取委托运输管理，同等条件下应优先选择乙方。在新协议生效之前，甲乙双方仍按本协议规定的条款执行。

第三条　甲方的权利和责任

3.1　甲方对本协议内约定进行委托管理的一切资产，依法享有占用、使用、收益和处置权利。委托运输管理期限内，甲方对上述资产进行转让、租赁或设定担保时，应提前告知乙方，双方办理变更手续。

3.2　甲方对依法取得使用权的土地享有占有、使用和收益的权利，承担属于土地使用权人的责任和义务，负责土地权属管理（包括确权领证、纠纷调处、报表填报等）和土地资产管理（包括土地资产处置、收益等）工作。

3.3　甲方对乙方受托运输生产管理工作享有监督检查权，有权对乙方制定的相关制度、细则、规定等提出建议或修改意见；有权要求乙方定期或不定期提供运输、安全、设施设备等管理情况的报告。

3.3.1　涉及专项管理领域和专业技术问题的，甲方有权委托律师事务所、会计师事务所或者专业的第三方对乙方的运输管理工作进行监督检查。

3.3.2　在委托运输管理的监督检查中，甲方有权要求乙方提供以下文件和数据：

（1）委托运输管理的相关资产的动态变动情况；

（2）委托运输管理设施设备的运营管理情况和故障分析等报告；

（3）铁路交通事故、生产安全事故及其他突发事件的处理情况和分析报告；

（4）路风管理和旅客投诉的处理情况；

（5）其他涉及委托管理内容的文件资料。

3.4　甲方向乙方提供与委托运输管理相关的铁路运输设施、设备、线路、铁路用地权属情况和资料、图册，确保提交时的资产状态良好，符合运输安全的需要。

3.4.1　甲方向乙方提供与委托运输管理相关设施设备的技术条件、技术标准、工

艺规范、检查、调试、验收资料等技术文件。

3.4.2　甲方审核乙方提出的受托范围内的大修、更新改造、灾害复旧以及安全技术设备投入计划等，并及时安排、拨付相应费用。

3.5　甲方按照约定向乙方支付委托运输管理相关费用。

3.6　甲方保证有权签署本协议并履行本协议的全部条款。保证未签署任何与本协议相冲突的法律文件。

第四条　乙方的权利和责任

4.1　乙方应充分发挥受托范围内设施设备能力，大力开展客运营销，实现效益最大化。

4.2　乙方根据约定有权获得甲方支付的委托运输管理费等收入。

4.3　乙方根据受托管理设施设备的状态、维修规程的规定，有权向甲方提出大修、更新改造、灾害复旧以及安全技术设备投入等建议计划，经甲方审核后组织实施。对危及运输安全的，可先行实施，并及时向甲方提供备忘录。

4.4　乙方对受托资产负有保全责任，尤其保证运输设备设施处于良好状态，符合运输安全的需要。

4.5　乙方需按照双方约定定期或应甲方要求不定期，向甲方提供安全、设施设备、运营等管理情况报告。

4.6　乙方配合甲方对受托运输管理进行监督检查，并按双方约定提供有关资料和数据。

第五条　收入、费用和清算

5.1　乙方根据《铁路运输收入管理规程》(铁道部第24号令）和《关于实行委托运输管理的合资铁路公司运输收入委托管理工作的意见》(铁财〔2010〕243号）相关规定和要求，对甲方运输收入工作进行日常管理。运输进款、运输收入清算及资金结算按铁道部《铁路运输进款清算办法》(铁财〔2005〕16号）等有关规定办理。

5.2　根据本协议和细则明确的委托事项，确定委托运输服务项目，按照服务项目工作量及清算单价协商确定委托运输管理费用。清算单价，有铁道部公布价格的按公布价格执行；没有公布价格的，以成本费用（含税金）为基础，由双方协商确定。费用结算，按照铁道部有关规定办理。

5.3　有关京沪高速铁路竣工验收、联调联试、试运行、运营准备（开办）等工作发生的相关费用，铁道部有规定的按规定办理，没有规定的由双方另行商定解决。应由

甲方配置的工器具，甲方不能提供，由乙方购置的，应当另行清算。

第六条　安全管理

甲方作为京沪高速铁路经营管理责任主体，应当确保安全生产设施和安全防护所必需的投入，对委托乙方安全管理的工作进行监督检查。

乙方作为京沪高速铁路运输安全责任主体，对受托范围内安全生产管理工作负首要责任。

第七条　劳动用工

受托管理范围内乙方所需劳动用工，原则上由乙方内部调剂解决。乙方与劳动者建立劳动关系，依法规范管理，并负责按照国家、铁道部规定的条件及标准配备和培训人员。人工成本包括在委托运输管理费用中。

第八条　其他相关约定

8.1　甲方确认本协议项下乙方受托从事委托事宜具有排他性（除本协议特别约定的事项外），即协议有效期内甲方不再就本委托事宜另行委托。乙方接受委托后确需转委托的，应征得甲方同意并签订三方协议。

8.2　乙方（含下属企业）利用甲方委托管理的设施设备、土地等从事站车商业经营开发、广告发布等业务，应征得甲方同意，并根据互利原则另行签订专门协议。

8.3　双方对本协议履行过程中所涉及的专利、商标及其他相关知识产权事项，另行签订专门协议。

8.4　乙方接管受托管理的设施设备后，甲方与各设施设备设计、施工、监理单位及其他设备提供商签署的合同中有关设施设备质量保证约定及各类设备培训的条款应转移至乙方继续履行。

8.5　双方应全面履行本协议约定的各项责任并信守承诺。一方不履行协议责任或履行协议责任不符合协议约定，应当承担继续履行、采取补救措施或者赔偿损失等违约责任。一方违约后，对方应当尽量采取适当措施防止损失的扩大。

如果一方发现另一方有违约情形的，应当以书面形式告知另一方。另一方应就此事项予以答复并与对方协商解决；若在二十个工作日内不予答复的，视为承认违约事实并同意承担违约责任。

8.6　双方在履约过程中发生争议的，应协商解决；也可提请铁路行业主管部门调解；协商或调解不成的，双方可依法选择解决方式。

8.7　双方应当按照法律法规规定遵守保密义务，不得向任何第三方公开保密信息。

8.8 由于不能预见且对其发生和后果不能避免并不能克服的不可抗力事件，致使任何一方不能按约定的条件履行本协议项下的有关责任时，该方应立即将有关情况通知对方，并应在15日内提供有关详情及本协议项下的有关责任不能履行或部分不能履行或需要延迟履行的理由的有效证明文件。按照有关不可抗力事件对履行该等责任的影响程度，由本协议双方协商决定公平合理的解决办法。

第九条 协议的转让、变更与终止

9.1 在未经对方书面同意的情况下，协议任何一方不得将本协议下的权利或责任转移给第三方。

9.2 本协议需经双方协商一致并签订书面协议后方可变更。

9.3 本协议因故解除或终止时，本协议的附件及其所有补充协议也相应地解除或终止。本协议解除或终止后，双方应在解除或终止后三个月内完成业务和财务结算。

第十条 通知

10.1 任何在本协议下需要送达的通知必须使用书面方式，并应按本协议文首列载的双方指定地址以信函或传真形式发送。

10.2 任何通知倘以专人送达，应在送达时视为收到；倘以邮递寄出，应于回执日期视为收到；倘以传真发出，发出时视为收到。当双方中任何一方地址发生变更，应及时以书面形式告知对方。

第十一条 附则

11.1 本协议于双方法定代表人或其授权代表签字并加盖公章之日起开始生效。

11.2 经双方协商一致，可以修订或补充本协议，所有修订或补充须经双方法定代表人或其授权代表书面签署并加盖公章后生效。

11.3 本协议的附件为本协议的组成部分，与本协议具有同等法律效力，如附件与本协议有冲突的以本协议为准。本协议的附件包括：《京沪高速铁路委托运输管理专项管理细则》以及相关补充协议。

11.4 双方同意在法律允许的范围内执行本协议，本协议的任何条款的无效、失效和不可执行，不影响或不损害其他条款的有效、生效和可执行性。但协议各方应同时停止履行该无效、失效和不可执行的条款，并在最接近其原意的范围内将其修正至对该类特定的事实和情形有效、生效及可执行的程度。

11.5 本协议（含附件）一式五份，双方各执两份，经乙方报送铁道部备案一份。各份均具同等法律效力。

双方确认对本协议和所有附件均已全部阅读、正确理解并接受其中所有的条款及法律后果，特此签字盖章，以昭信守。

甲方：京沪高速铁路股份有限公司（盖章）

法定代表人或授权代表：

乙方：××铁路局（盖章）

法定代表人或授权代表：

（本协议于　　年　月　日由协议两方的授权代表，在中华人民共和国北京市海淀区签订。）

附件：

京沪高速铁路委托运输管理专项管理细则

京沪高速铁路股份有限公司（以下简称“甲方”）与××铁路局（以下简称“乙方”），根据主协议相关条款，就京沪高速铁路委托运输管理中的专项管理事项签订本细则。

一、安全管理

1. 双方必须严格贯彻执行国家有关安全生产的法律法规和铁道部关于铁路运输安全管理的各项规章制度及作业标准，落实安全责任。

2. 甲方负责的工作内容

（1）甲方应当确保安全生产设施和安全防护所必需的投入，对委托乙方安全管理的工作进行监督检查。

（2）甲方对乙方提出的安全设施建设项目计划等进行审核，在共同协商的基础上合理安排必须的资金投入；工程遗留的问题，由甲方负责解决，达到设计及验收标准；

按照《铁路运输安全保护条例》的规定，做好铁路线路安全保护区设立、平面图绘制和标桩埋设等工作。

（3）委托管理范围内发生铁路交通事故、生产安全事故及其他突发事件，甲方应积极做好配合工作，协助事故调查及善后处理。

3. 乙方负责的工作内容

（1）严格贯彻执行国家安全生产方针、政策和法律法规，严格执行铁道部安全管理各项规定、标准、办法和措施，确保京沪高速铁路运输安全。

（2）负责受托范围内的日常安全管理工作，建立健全安全生产责任制，制定铁路运输安全的规章制度和操作规程，培训合格人员持证上岗作业；检查、监督和指导有关人员落实各项安全生产规章制度、标准等，及时发现和解决生产过程中存在的各类安全问题；对设施设备等方面存在的安全隐患，及时制定整治措施和方案，并进行整治。

（3）制定铁路交通事故应急救援预案并组织培训和演练。发生事故应立即启动相应等级的事故应急响应和救援预案。

（4）委托管理范围内发生铁路交通事故、生产安全事故及其他突发事件，按有关规定妥善保护事故现场和相关证据，并及时向甲方通报情况。按照国家及铁道部有关规定进行事故报告，开展应急救援，协助事故调查及善后处理，负责相关统计分析。

委托范围内发生火灾、爆炸、化学污染等事故，负责配合有关部门组织施救、协助调查处理。

（5）开展京沪高速铁路安全对外宣传、护路联防工作，落实治安防控、安全保卫措施。

4. 委托范围内发生的各类事故，其责任认定和损失的赔偿按照第三方有权部门出具的事故认定书进行处理。

二、客运管理

1. 甲方委托乙方按照《铁路旅客运输规程》等有关规定，承担受托范围内旅客运输管理等相关业务。

2. 乙方负责的工作内容

（1）客运营销策略的制定与实施。

（2）旅客列车开行方案的编制。

（3）站车客运人员的劳动组织和管理。

（4）列车、车站旅客服务（含列车保洁服务）和乘降组织。

（5）列车乘务组织管理。

（6）旅客运输安全和服务质量管理。

（7）旅客人身意外伤害和自带行李损失的处理。

（8）站、车客运配套设施设备的维护管理。

3. 乙方应贯彻执行国家法律法规以及铁道部有关旅客运输的规章制度，结合受托范围内旅客运输管理的实际需要，研究制定相关实施细则和管理措施，并报甲方备案。

4. 在充分听取甲方有关列车开行方案意见的基础上，乙方根据铁道部列车运行图编制的有关规定，编制受托运输管理范围的列车运行图建议方案，报铁道部批准；遇有节假日和特种运输的需要，乙方可选择实施分号列车运行图或调整列车运行方案。

5. 乙方应每月向甲方通报京沪高速铁路客流情况及有关分析报告；在充分听取甲方意见的基础上做好客运营销策略的制定和实施工作，以促进京沪高速铁路客流的增长。

三、调度指挥

1. 甲方委托乙方按照《铁路运输调度规则》（铁运〔2008〕235号）等有关规定，对受托范围内京沪高速铁路列车实行集中统一调度指挥。双方应贯彻执行国家政策、法律法规，确保国家重点、国防运输等重要任务的完成。

2. 乙方负责的工作内容

（1）在受托范围内执行《铁路技术管理规程》、《铁路运输调度规则》、《铁路客运专线技术管理办法（试行）（300～350 km/h部分）》等有关规章、规定，制定有关工种调度及相关岗位的各项职责并认真执行。

（2）在受托范围内进行调度指挥工作。负责按列车运行图组织开行规定数量的列车，并组织列车安全正点运行。

（3）安排列车运行计划和到发线使用，发布有关调度命令、行车凭证和口头指示，与相邻调度台交换列车运行计划。

（4）负责动车组交路临时调整、出入库及在站折返作业的组织。

（5）负责行车安全、设备安全、灾害预报信息的处理，并监督设备恢复情况；负责非正常情况下的应急处置工作。

（6）组织实施接触网停送电计划和天窗施工（维修作业），负责行车设备发生故障

时的临时要点施工、检修计划的安排；与设备维护人员办理登、销记手续。

（7）与京沪高速铁路委托范围内的其他工种调度及相关岗位加强沟通协调，按相应的职责进行工作。

（8）负责专业接口协调并保证系统及设备联动关系正确。

四、工务系统及设备管理

1. 甲方委托乙方暂按《铁路线路修理规则》（铁运〔2006〕146 号）、《铁路桥隧建筑物修理规则》（铁运〔2010〕38 号）及高速铁路修理规则等有关规定，对其受托范围内工务设备（含绿色通道）进行维护和维修管理（根据铁道部文件及时修改相关内容）。

2. 甲方负责的工作内容

（1）向乙方提供符合竣工验收标准的路基、桥梁、隧道、轨道等工务设备，及时向乙方提供相关的技术资料、竣工文件等。

（2）对乙方提报的设备大修、更新改造、灾害复旧项目计划进行审定，并及时安排相应费用。

（3）会同乙方确定需委托第三方实施的工作项目（如线路及线路精测网复测、沉降观测、桥隧变形观测、桥隧设备检测、防灾系统的维护、线路综合检测和其他需要委托第三方的项目等）。

3. 乙方负责的工作内容

（1）线路设备的静态检查和临时补修，经常保养，综合维修。

（2）桥梁设备检查（经常检查、定期检查和临时检查），以及经常保养、综合维修。

（3）路基和轨道设备的检查（定期检查、一般检查、汛期检查）、经常保养和综合维修。

（4）工务设备技术管理工作，主要包括：设备台账的建立和修订，设备周期性静态检查和动态添乘检查与分析，无缝线路位移观测分析等。

（5）根据铁道部相关技术政策、技术标准和设备运用情况，及时向甲方提出设备大修、更新改造建议计划，经甲方审核后组织实施，并参与技术方案的确定和工程验收。

（6）根据第三方提报的检测结果，适时安排整修。

（7）汛期防洪工作，主要包括：汛前检查、疏通排水设备、补强防护设施、编制防洪预案、雨中雨后设备检查、组织灾害抢修、汛后灾害复旧工作等。

（8）故障应急抢修。

（9）上跨、下穿设施日常检查与安全防护。

（10）其他需要维护的项目，如安全保护区及其标桩管理、防灾设施及其系统护网等防护设施的管理和养护。

（11）对于因自然灾害等不可抗力因素可能危及行车安全、需要立即抢修的预算外项目，乙方可以先行实施，同时以备忘录形式告知甲方，再按有关程序办理确认手续。

（12）除日常维修项目外，需专项整修的项目由双方另行协商并确定费用后，交乙方实施。

4. 质量标准

工务设备维修应以工程设备验收状况为基础，设备运用维护质量符合铁道部有关规定。

五、信号系统及设备管理

1. 甲方委托乙方按照《铁路信号维护规则》（铁运〔2006〕127号）等有关规定，对其受托范围内信号系统及设备进行维护和维修管理。

2. 甲方负责的工作内容

（1）向乙方提供符合验收标准的信号设备及相关文件资料。

（2）审定乙方提出的设备大修、更新改造建议计划，及时安排相应费用。

（3）针对因乙方不具备技术手段或其他客观因素而无法实施的系统专业测试、安全评估、系统升级，与乙方共同商定选择第三方，安排实施。

（4）当京沪高速铁路运输组织发生变化需要新增信号设备时，甲方负责审核乙方提出的技术方案和设备数量，并落实资金安排实施。

3. 乙方负责的工作内容

（1）负责受托范围内信号系统及设备的维护维修、运用管理、安全管理工作。

（2）根据有关规章制度和本协议的要求，安排信号设备维护维修作业并优化作业方案。当遇有重大事件或紧急情况，及时采取应急措施，迅速恢复设备正常使用。

（3）根据铁道部信号技术政策、技术标准、大修周期、设备运用情况等，向甲方提出设备大修、更新改造建议计划，经甲方审核后组织实施。

（4）发现信号设备房屋、设施等存在安全隐患（包括机房漏雨、破损、温度、湿度、电源等）时，及时采取相应措施保证设备安全，并以书面形式向甲方报告。

（5）针对因不具备技术手段或其他客观因素而无法实施的系统专业测试、安全评估、系统升级，向甲方提出报告，与甲方共同商定选择第三方，并组织委托第三方实施。

4. 质量标准

质量标准以工程验交时特性、功能、测试报告为基准，维护质量必须符合《铁路信号维护规则》(铁运〔2008〕142 号）和铁道部有关高速铁路的要求和规定。

维护规则中未纳入的单项设备的维护质量，必须符合设备供应商提供的产品使用维护手册的有关规定。

六、通信系统及设备管理

1. 甲方委托乙方按照部颁铁路通信维护规则及有关规定，对其受托范围内通信系统及设备进行维护和维修管理。

2. 甲方负责的工作内容

（1）向乙方提供符合验收标准的通信设备及相关文件资料。

（2）审定乙方提出的设备大修、更新改造建议计划，及时安排相应费用。

（3）当京沪高速铁路运输组织发生变化及通信系统全网技术条件变更，需要新增通信设备或既有设备升级时，甲方负责审核乙方提出的技术方案和设备数量，并落实资金安排实施。

（4）负责缴纳 GSM-R 频率占用费。

3. 乙方负责的工作内容

（1）负责受托范围内通信系统及设备的维护维修管理、运用管理和安全管理工作。

（2）根据有关规章制度和本协议的要求，安排通信设备维护维修作业并优化作业方案。当遇有重大事件或紧急情况，及时采取应急措施，迅速恢复设备正常使用。

（3）根据铁道部通信技术政策、技术标准、大修周期、设备运用情况等，向甲方提出设备大修、更新改造的建议计划，经甲方审核后组织实施。

（4）发现通信设备房屋、设施等存在安全隐患（包括机房漏雨、破损、温度、湿度、电源等）时，及时采取相应措施保证设备安全，并以书面形式向甲方报告。

（5）受托范围内运输组织发生变化时，负责向甲方提出通信配套技术方案和需要新增的通信设备数量及投资估算。

（6）负责受托范围内无线电管理工作。

（7）与电信运营企业签订铁路运营通信服务合同。

（8）乙方因不具备技术手段或其他客观因素而无法实施的系统专业测试、网络优化、安全评估，应向甲方提出报告。甲乙双方共同商定选择委托第三方组织实施。

4. 质量标准

通信设备维修和服务质量以工程验交时通信设施的设计、质量状态和测试报告为基准，符合国家和铁道部通信维修和质量标准。

七、供电专业及设备管理

1. 甲方委托乙方按照部颁维护规则及有关规定，对其受托范围内牵引供电、电力、给水设施进行维护和维修管理。

2. 甲方负责的工作内容

（1）向乙方提供符合验收标准的牵引供电、电力、给水设施设备及相关文件资料。

（2）审核乙方提出的设备大修、更新改造建议计划，并及时安排相应费用。

（3）审核乙方提出的由于受托范围内运输组织变化需要新增的设备数量计划，做好确认和资金落实工作。

3. 乙方负责的工作内容

（1）负责受托范围内牵引供电，牵引所、亭，接触网，电力变配电所，一贯，综贯，牵引、电力 SCADA 调度端设备，电力设施，给水加压泵站，室外给水管网，客车上水设备，室外水消防设施及上述设备检测维护所用设备、机具、车辆和维修管理信息系统设备的运行维护维修及相关安全管理工作。对供电、电力设备的调度指挥，按照铁道部相关规定实行集中调度指挥。

（2）按铁道部规定认真做好电力设施设备定期检查工作，及时发现隐患并整修，确保供电、供水设备安全可靠运行。

（3）根据铁道部技术政策、技术标准、大修周期、设备实际运用情况等，向甲方提出设备大修、更新改造建议计划，经甲方审定后组织实施。

（4）负责供电、电力设备的定期试验。按规定及时填写技术报表及设备履历簿，及时提报给甲方并上报铁道部。

(5) 对检修养护无法解决的系统安全问题及时向甲方提出，并与甲方共同组织专题研究。

4. 质量标准

技术标准以工程验交时供电设施的设计、质量状态和测试报告为基准，设备维护质量必须符合国家、铁道部有关规定的标准。

八、车辆系统及设备管理

1. 若甲方购买动车组时，甲方委托乙方负责京沪高铁动车组专业的运用维护工作，动车组需经铁路局专业主管部门的验收合格后方可投入正式使用。

2. 乙方负责的工作内容

(1) 依据铁道部《铁路动车组运用维修规程》、各型动车组各级检修标准及动车组有关技术标准规定，做好京沪高铁动车组的一、二级（专项）修等日常维修维护工作；做好京沪高铁动车组三、四、五级修的相关工作；安排机械师担当乘务工作；做好动车组的卸污、冬季防寒防冻、外皮清洗、停留看守等工作。

按照运行图的要求，在既有配属车底的条件下提供车况良好、具备上线条件的动车组（动车组数量根据铁道部安排确定）。

(2) 按照铁道部相关规定承担京沪高铁动车组运用检修的安全管理责任。按照动车组运用检修相关维护标准及规定，加强技术检查和检修工作，及时对列车运行中发生的故障进行判断处理，保证运行安全。

九、动车组驾驶及管理

1. 若甲方购买或租用动车组时，甲方委托乙方负责京沪高铁动车组驾驶相关的业务管理。所需人员由乙方负责提供。

2. 乙方负责的工作内容

(1) 按照铁道部的有关规定提供符合条件并培训合格的包括动车组地勤司机、值乘司机及动车组管理在内的相关人员。

(2) 严格按照国家、铁道部有关铁路运输管理的法律法规和规章制度的规定，组织开展动车组司机安全生产管理活动。

(3) 按照铁道部、铁路局编制列车运行图的有关规定，编制动车组值乘人员周转图。负责日常动车组司机组织、行车调度指挥工作，严格按图行车。

（4）作为动车组驾驶人员管理的责任主体，根据铁道部有关规定，规范动车组驾驶人员操作。全面细化安全保障措施，确保运输安全。

十、信息系统管理

1. 甲方委托乙方按照《铁路运输管理信息系统运行管理规则》(铁信息〔2003〕128号）等有关规定，对其受托范围内信息系统进行维修和维护管理。

2. 甲方负责的工作内容

（1）甲方向乙方提供受托范围内的信息系统设备技术台账及相关的技术材料。

（2）信息系统应用软件新增功能，属于铁道部统一管理的应用软件由甲方会同乙方向铁道部业务主管部门提出书面申请；其他应用软件经甲乙双方协商一致，由乙方协调应用软件开发单位完成，所需费用由甲方负责解决。

（3）审核乙方提出的设备大修、更新改造、软件升级建议计划，并及时安排相应费用。

3. 乙方负责的工作内容

（1）负责信息系统的日常管理，实施日常检查和定期巡检；对信息系统发生的故障及时组织抢修和修复；根据铁道部统一安排负责应用软件版本更新工作；协助通信部门，处理广域网通道故障。

（2）负责信息系统设备的日常维护维修与管理。对信息系统核心主机、网络设备、大型不间断电源、操作系统、应用软件和其他关键设备，督促供货方按照签订的合同要求提供保修服务。

（3）按照有关规定向甲方提报设备大修、更新改造、软件升级建议计划，经甲方审定后组织实施。

（4）建立技术履历（包括设备大修维修记录等），作为技术维护管理档案，每年定期向甲方提供。

4. 质量标准

相关信息系统及客服系统维护和技术支持工作，符合国家和铁道部规定的质量和技术标准。国家和铁道部没有规定标准的，应符合设备厂商提供的产品使用维护手册中规定的标准。

十一、房建管理

1. 甲方委托乙方按照《铁路房屋建筑物大修维修规则》(铁运〔1999〕146 号) 等有关规定，负责受托范围内房建设备和站区给水设备运用、维修工作。

2. 甲方负责的工作内容

(1) 向乙方提供符合验收标准的房建和给水设施设备及相关文件资料。

(2) 审核乙方提出的设备大修、更新改造建议计划，并及时安排相应费用。

3. 乙方负责的工作内容

(1) 负责甲方委托的生产房屋、办公房屋、其他房屋、建筑物、设备 (特种设备、消防、制冷等) 及附属设备的管理、维修，使之达到国家、铁道部规定的技术指标、技术状态良好的要求，确保京沪高速铁路运输安全畅通。

(2) 承办受托范围内的设备检测、环保监测、人员培训、申报领证等工作。

(3) 负责站区给水设备运用维修管理工作，确保供水水质符合国家生活饮用水卫生标准。

(4) 向甲方提出设备大修、更新改造建议计划，经甲方审核后组织实施。

4. 质量标准

房建设备维护和管理以施工验收的质量状态和测试报告为标准基础，按《铁路房屋建筑物大修维修规则》(铁运〔1999〕146 号) 标准执行。

十二、费用清算

1. 甲方按照铁道部相关规定范围、服务项目和标准向乙方支付委托运输管理服务费用，资金按照铁道部规定及时支付到位。

2. 甲方负责审核乙方提报的大修、更新改造、灾害复旧计划，并及时安排相应费用。

甲方将概算内的开办费按照委托管理内容支付给乙方。维修工器具、备品备件原则上先由乙方购置，对于专用于京沪高速铁路的设备可由甲方适当购买；设备重点整治和设备中修费用包括在委托运输管理服务费中，甲方不另外支付。

3. 与外部建立供用电 (水)、牵引用电等涉及第三方的服务项目，由乙方会同甲方与实际供电、供水单位签订用电、用水协议或合同。乙方负责日常供电 (水) 管理及费用结算。

4. 精测网的复测、路基下沉观测、动态检测等需委托第三方实施的项目，由双方共同商定选择第三方，签订三方委托协议，明确三方各自的责权利。

5. 受托范围内发生各类事故造成的经济损失和产生的救援费用，根据第三方有权部门出具的事故认定书，由责任方承担。

6. 对涉及安全的水灾抢险等项目，由乙方先行应急处理、实施，发生的费用向甲方办理结算。

7. 对于委托协议外临时增加的应急项目，按方便旅客、服务运输原则，可由乙方先行办理，再与甲方办理结算。

8. 处理旅客运输业务所涉合同纠纷（包括旅客意外伤害等情形）及诉讼所发生的费用（包括先期救治、处理费用）先由乙方垫付，后按责任划分，由责任方承担。

9. 其他付费项目，按铁道部规定标准执行。

十三、运输收入管理

1. 甲乙双方均须严格执行国家法律法规、铁道部运输收入管理规定。

2. 甲方按照铁道部《关于实行委托运输管理的合资铁路公司运输收入委托管理工作的意见》（铁财〔2010〕243号）的相关规定，负责委托范围内所属车站运输收入专户的开立，并进行监督和稽核。

3. 乙方依据铁道部《铁路运输收入管理规程》、《关于实行委托运输管理的合资铁路公司运输收入委托管理工作的意见》（铁财〔2010〕243号）等的相关规定和委托运输管理协议，组织人员对甲方运输收入工作进行管理，形成完整的运输收入管理体系。

十四、统计管理

1. 甲方委托乙方按照《铁路行业统计管理规定》（部令28号）等有关规定，管理受托范围内的旅客运输统计、运输设备统计、客车统计、固定资产投资统计、节能统计、环境保护统计等业务，以及铁道部新增需要委托乙方管理的统计业务。

2. 乙方依据《中华人民共和国统计法》、铁道部《铁路行业统计管理规定》，以及铁路各专业统计规则和办法，完成甲方委托的各项统计业务。

3. 乙方对委托管理的统计信息进行审核、校验、汇总后，上报铁道部统计中心及

相关部门，并反馈甲方。

4. 乙方向铁道部上报18点统计信息时，同时报甲方。

十五、消防管理

1. 甲方委托乙方管理受托范围内设施设备的防火减灾工作。

2. 甲方负责监督、检查并保证防火安全所必要的设备设施投入。

3. 乙方负责的工作内容

(1) 负责受托范围内消防安全管理，建立健全防火安全管理机制和制度，严格落实消防安全岗位责任和逐级负责制，明确防火组织和责任人员。负责制定火灾应急预案。

(2) 负责消防宣传、职工（包括客车值乘、重点工种、重点部位等人员）岗位消防培训、火灾应急预案演练，提高防火、初起火灾自救能力。

十六、铁路用地管理

1. 甲方委托乙方负责受托范围内铁路运输用地、辅助用地和特殊用地的管理。

2. 甲方负责的工作内容

(1) 负责铁路用地权属管理工作。负责铁路用地的土地申报登记、领取《国有土地使用证》。

(2) 负责铁路用地资产管理工作。根据国家和铁道部以及省级人民政府的有关规定，负责用地资产处置方案的拟定和报批工作。

(3) 按照铁道部铁路用地管理相关规定，建立铁路用地管理台账，并及时将铁路用地的相关文件、图件等管理资料提供给乙方。

(4) 适时对委托范围内铁路用地利用状况进行监督检查。

(5) 接待和处理涉及铁路用地的来信来访，受理用地违法行为的检举、控告和申诉。

3. 乙方负责的工作内容

(1) 按照铁道部制定的铁路用地管理标准、技术规范和管理办法，负责委托管理范围内铁路用地的守护、巡视工作；制止、纠正违规违法用地行为。

(2) 负责铁路用地界桩的补设及日常养护维修工作；负责委托管理范围内违章建

筑物、构筑物的清理工作。

（3）负责做好铁路用地管理业务与其他铁路运输生产业务的衔接工作。

（4）按照甲方提供的用地权属等图片和资料，建立铁路用地管理工作台账并协助甲方建立土地资产台账；如铁路用地地界参照系发生变化，应及时通报甲方修改用地管理图和土地资产台账。按年与甲方共同做好管理工作台账和土地资产台账的对账工作。

（5）对危及行车安全的违法用地行为和土地权属纠纷案件，在坚决制止事态蔓延的同时，须及时报告甲方和有关行政管理部门，并协助做好相关工作。

（6）定期向甲方报告委托管理范围内的铁路用地管理工作。对甲方监督检查中发现的问题，应按照国家和铁道部的规定，及时整改并将整改情况报告甲方。

十七、其他

乙方在受托范围内根据相关规定确需增加技防、物防设施等，双方另行签订有关协议。

甲方：京沪高速铁路股份有限公司（盖章）

法定代表人或授权代表：

乙方：××铁路局（盖章）

法定代表人或授权代表：

年　月　日

京沪高速铁路牵引供电、电力设施××局管段委托运行维修管理协议

甲方：京沪高速铁路股份有限公司

乙方：××铁路局

丙方：×××××局集团公司

为探索供电专业委托第三方维修管理模式，建立市场化运作机制，依照《中华人民共和国合同法》等法律法规和甲方与乙方签订的《京沪高速铁路委托运输管理协议》，经三方协商一致，就京沪高速铁路牵引供电和电力设施运行维修管理委托事宜订立本协议。三方在铁道部运输局供电部指导下共同履行本协议。

第一条　委托事项

甲方将同乙方签订的《京沪高速铁路委托运输管理协议》中的部分牵引供电和电力设施，包括：接触网、牵引变电所、分区所、开闭所、AT所、电力贯通线路、低压电力线路、电力变配电所、箱式变电站、牵引供电、远动系统（不含通道及各路局调度终端设备）、所内消防设施及甲方提供的设备、设施（含动产、不动产）的运行管理、巡视、检查、维修、试验、故障抢修、施工配合及变电设备定期预防性试验事项委托给丙方。

甲、乙双方共同对丙方工作进行考核，乙方对丙方工作实施监督管理。

第二条　委托期限

委托期限自　　年　月　日起至　　年　月　日止。

本协议期满前60日内，三方如无异议，可协商续签。

第三条　权利和义务

一、甲方的权利和义务

1. 依协议约定向乙方支付监管费用，向丙方支付维管费用。

2. 组织施工单位向乙方完整交接竣工文件，组织乙方依据工程竣工验收已交接资料和设备等向丙方提供与委托管理业务范围相对应的设备设施和技术资料，乙方、丙方共同清点造册，办理交接确认手续。

3. 确保安全生产设施的必要投入。

4. 因丙方原因造成甲方经济损失，甲方可从维管费用中直接扣除，也可要求丙方直接赔付。

5. 对协议委托范围内丙方的工作进行考核。

6. 对设备更新改造、大修和重大整治项目建议及方案进行审定并回复。

二、乙方的权利和义务

1. 在生产业务上，乙方受甲方委托对丙方的工作进行监管。依据铁道部有关安全生产、设备质量标准的管理办法、检修规程、供电安全监督管理有关要求以及乙方《行车组织办法》等规章制度，乙方确定监管方式对丙方进行检查、监督管理。

2. 对牵引供电、电力设备的运行、抢修实行集中调度指挥，按规定审核、批准丙方提出的维修天窗。

3. 对维管设备更新改造、大修和重大整治项目建议及方案提出审核意见后报甲方审定。

4. 统一指挥事故救援和故障抢修，甲方、丙方应予配合。安全事故、设备故障的分析与定性定责按照铁道部相关规定执行。

5. 按路局现行安全、质量管理规定，定期或不定期地检查设备质量或管理状况，并将检查结果书面通知甲方和丙方，丙方应在接到通知后立即整改，并将整改情况书面报告乙方和甲方。

6. 对其他专业（电务、工务、车务等）实施的维修工作，有要求丙方无偿配合的权利；更改、基建和大修配合工作，执行铁道部相关规定。做好运输生产、检修组织的协调工作，协调丙方与乙方其他专业的联控、协作，做好“高铁生产生活一体化”的生产检修、后勤管理工作。

7. 乙方有权对丙方上岗人员资质进行检查，对实际不能胜任岗位要求的人员有建议丙方做出撤换或清退处理的权力。

8. 乙方仍负责《京沪高速铁路委托运输管理协议》委托范围内的牵引供电及电力设备设施竣工文件的保存和管理。

三、丙方的权利和义务

1. 执行铁道部、电力管理部门、行业有关规定及甲、乙方相关制度和管理办法，服从乙方的统一调度指挥，执行铁路运输安全相关规定，做好与乙方其他专业的联控、协调工作，负责委托范围内的牵引供电及电力设备设施实施养护、维修、抢修等工作。

2. 维管工作接受铁道部检查和指导，接受甲、乙方的监督检查，服从乙方的有关京沪高速铁路运输生产统一指挥，对乙方、甲方提出的问题及时整改，整改不及时、不到位而造成的事故、设备故障及其他问题，由丙方承担全部责任。

3. 承担安全生产管理责任，承担维管从业人员人身安全责任。

4. 确保委托管理的全部设备、设施、材料完整、性能良好和安全使用，确保安全生产的投入。

5. 认真做好维管设备的定期检查工作，建立隐患排查机制，及时发现隐患（含外部环境）并整修，重大整修项目及时报告乙方，共同确定解决方案。

6. 向乙方提出设备运行维修改进措施以及设备更新改造、大修和重大整治项目建议及方案。

7. 对日常的维修工作，有要求乙方相关专业无偿配合的权利；更改、基建、大修和重大整治项目配合工作，执行铁道部相关规定。

8. 委托范围内发生行车事故、故障及自然灾害、偷盗的，丙方应立即赶赴现场进行抢修或配合，用最短的时间恢复供电、通车。

9. 参与及配合事故、故障的调查分析，并按认定的责任承担相应损失。

10. 委托期限内丙方可无偿使用甲方提供的生产和生活所需房屋，确保房屋设施质量完好。

11. 组织维管从业人员按照铁道部、电力管理部门的规定、乙方的规定做好岗前资格性、岗位适应性培训工作，持证上岗，同时将考试合格人员名单报甲方、乙方相关部门核备。不合格人员不得上岗。

12. 按规定及时填写技术报表及设备履历簿，并在规定时间内报甲方、乙方相关部门。

13. 未经甲方、乙方书面许可，不得进行供电设施和其他生产生活设施的改造和扩建。需要进行新产品试验的，应当严格执行铁道部有关规定，并报甲方、乙方同意。

14. 负责牵引供电、电力设备的定期试验，并向甲方提供试验报告，对经试验发现的重大问题应经过乙方确认后报甲方。

15. 负责京沪高铁配电所和牵引站用电量的核实，编制做好月、季、年的供电量、受电量、损耗电量统计，分析用电指标完成情况，采取有效措施，搞好节能降耗工作，并将相关资料报甲方。

16. 维护甲方、乙方的荣誉和利益，不得利用维管范围内的设施做其他经营性业务。未经甲方、乙方许可，丙方不得将京沪高铁电力、设施及场地提供给其他方使用。

17. 管理和生产作业人员要保持相对稳定，年替换率不得大于 20%，替换率超过 20% 后，每超过一个百分点扣减合同费用的 0.5%。

18. 当发现其他单位行为危及人身、行车及牵引供电、电力设备安全运行时，有现场进行制止的权利和义务。

19. 丙方按照入驻人员数量分摊综合工区内水电、生活配套（伙食团）等费用。

第四条　委托费用

1. 甲方根据牵引供电、电力设施的构成和维修工作量等按铁道部相关规定进行维管费用测算。具体维管费用支付额度每年签订一次。

2. 丙方维管费用包括协议范围内所有设备设施的运用维修、生产管理等费用，包括直接费、间接费、管理费、税金以及变配电设备定期预防性试验费用。不包括甲方提供设备设施的折旧、大修、更新改造费用。

3. 乙方监管费用包含监管人员工资及工资附加费、监管生产成本费用、管理费用等，根据甲、乙双方核定的监管人数、属地路局工资支出水平以及生产成本、管理费用定额确定。

第五条　委托费用的支付

1. 甲方按月度支付、季度结算方式向丙方支付委托费用。甲方每月初按年度委托费用 1/12 的 90% 向丙方支付，每季（年）度后次月，按考核结果办理上季度剩余款项的结算。每次支付前，丙方提供正式发票，甲方收到发票后 10 个工作日内完成支付。

2. 甲方按本协议约定的监管费用，按季向乙方支付。每次支付前，乙方提供合法票据，甲方收到票据后 10 个工作日内完成支付。

第六条　执行标准

在运行安全、维修管理等方面，丙方应按铁道部、电力管理部门、电力行业及甲方、乙方制定的有关规定执行。

第七条　维修和抢修所需设备、工器具和备用材料管理

1. 维管工作所需自轮运转设备及汽（吊）车等生产维修管理所用车辆及设备原则上由丙方自行负责配备，定期将车辆、设备的型号、数量和状态报甲、乙两方。对建设期已购置的相关设备、材料、车辆、仪器仪表、工具等，按维管范围，甲方组织乙方完好交给丙方，并登记清册三方确认，由丙方按甲方资产进行使用维护和管理。

对前期乙方在维修工作中，已投入、已购置的生产生活设施，经甲乙双方确认后纳

入移交范围，共同清点造册，办理乙、丙双方交接确认手续。

甲方根据乙方确定的监管方式提供相应的必要设施。

2. 委托范围内牵引供电、电力设施的抢修用料按京沪高铁设计的种类、规格和铁道部相关规定配备；备品备件按京沪高铁设计提供的种类、规格、数量一次性配备。乙方已购置配备的工器具向丙方移交，未配备的相应资金划拨给甲方，丙方可根据要求自己采购并向甲方据实报销。甲、乙、丙方共同参与验收、交接，并填写清单备存作为抢修料和备品备件。抢修用料和备品备件的管理由丙方负责，建立台账，应随时按清单规定的种类、规格、数量和质量要求复核和补充。本合同终止时，丙方应当按清单所列的抢修用料和备品备件质量完好地交还给乙方。

3. 本协议范围内牵引供电、电力设施的维修用料由丙方按需要配备，维修料清单由丙方提出，并经甲方、乙方确认、核备。

4. 为防止维修材料费投入不足造成设备失修，确保京沪高铁供电设备质量，设备维修费应专款专用、足额投入，年度剩余费用可转入下一年度使用，材料的种类、去向及费用使用情况需经乙方业务部门审核，并报甲方核准、乙方备存，每季度考核一次，作为清算依据。

第八条　安全质量评定

1. 为保证牵引供电、电力设施的安全运行，丙方应当根据铁道部和乙方有关规定，对设备质量和管理进行评定。评定工作按铁道部和乙方制定的《牵引供电设备质量评定办法》、《电力设备质量评定办法》及《安全质量评定办法》等有关规定执行。

2. 甲方、乙方指派相关部门进行不定期抽查或定期检查，检查结果纳入考核。

3. 丙方应当服从甲、乙方检查考核，并提供有关记录资料和实物等。

第九条　损害赔偿约定

1. 甲、乙、丙任何一方造成的其他方财产损失以及第四方人身伤害或财产损失的，各方按照责任承担相应的损失赔偿，损失费用赔偿给相关方。其中甲、乙、丙方之间仅清算材料、设备损失费。

2. 因不可抗力造成牵引供电、电力设施破损，丙方应积极抢修，确保牵引供电、电力设施的安全运行。抢修费用由丙方先行支付，丙方将抢修费用清单报甲方审核后结算。

由于不可抗力导致供电设施损坏，造成他人人身伤害、财产损失的，由乙方组织丙方负责处理，费用由甲方审核支付。

3. 由于第四方责任造成供电设施故障或损坏的，丙方应积极抢修，确保牵引供电、电力设施的安全运行。由此发生的抢修费用，丙方负责索赔，甲方、乙方给予积极配合。

4. 因无法确定责任方或责任方赔付不到位、盗窃以及不可抗力等造成的人身伤害和财产损失，抢修人工费由丙方承担，材料费由甲方承担。因丙方抢修不当造成的扩大损失，由丙方承担。

第十条　变更和终止及违约责任

1. 本协议需要变更时，协议各方另行协商签订补充协议。

2. 一方欲解除协议（本条第3项除外），应提前3个月通知其他两方，各方同意解除协议但给其他两方（或其中任意一方）造成损失的，提出解除协议一方应当承担违约赔偿责任，赔偿金数额为年度委托费用的10%；如违约金不足以弥补损失的，差额部分由提出解除协议的一方负责补足。

3. 由于丙方责任造成较大及以上事故，或者一个协议履行年度内发生0.5件/百正线公里C类及以上铁路交通事故的，由丙方承担事故造成的损失，甲方可在协议费用内扣除费用。

4. 各方中的任何一方由于不可抗力的原因不能履行或不能完全履行协议时，应及时向其他方通报不能履行或不能完全履行的理由，在取得主管机关证明以后，允许延期履行、部分履行或者不履行协议，并根据情况可部分或全部免予承担违约责任。

5. 任何一方因不履行协议或者履行协议义务不符合约定，给其他方造成损失的，应承担违约责任。违约金为直接损失、间接损失之和。

第十一条　争议的解决方式

本协议在履行过程中发生的争议，由各方当事人协商解决。协商不成时，向有管辖权的法院起诉。

第十二条　其他

1. 本协议自　　年　月　日起生效。

2. 丙方不得将运行、维修和管理工作再次转委托给他人。

3. 其他未尽事宜，由各方协商后签订补充协议。协议附件、补充协议为本协议不可分割的组成部分，与本协议具有同等效力。

4. 本协议一式十五份，甲、乙、丙三方各执五份，均具有同等法律效力。

甲方：
代表人：

乙方：
代表人：

丙方：
代表人：

签订时间：　　年　月　日

京沪高铁运输收入委托管理专项协议

甲方：京沪高速铁路股份有限公司

乙方：××铁路局

为了规范京沪高铁运输收入管理工作，根据甲乙双方签订的《京沪高速铁路委托运输管理协议》和铁道部《关于实行委托运输管理的合资铁路公司运输收入委托管理工作的指导意见》(铁财〔2010〕243号)，经甲乙双方协商，现就京沪高铁运输收入委托管理相关事宜达成以下协议，以资共同遵照执行。

一、甲方按照《京沪高速铁路委托运输管理协议》将委托运输管理范围内的运输收入工作委托乙方进行管理。乙方接受委托，并按照铁道部《铁路运输收入管理规程》和《关于实行委托运输管理的合资铁路公司运输收入委托管理工作的指导意见》(铁财〔2010〕243号）的相关规定，负责做好受托范围内运输收入的日常管理工作。

二、运输收入专户的管理

1. 甲方在所属车站分别开立运输收入专户。乙方受托负责办理运输收入专户开立手续，甲方负责提供银行开户所需的印章（其中一枚私人印章由乙方指定并报甲方备案）和资料。甲方按照铁道部银行账户管理办法负责运输收入专户的备案工作。

2. 运输收入专户开立后，未经甲方同意，乙方不得办理变更手续。银行开户年检工作由甲方提供资料，乙方负责办理相关手续。

3. 乙方负责运输收入专户的日常管理与核算，对账户的使用及资金安全负责。运输收入专户的“银行预留印鉴”和“银行专户资料”等由乙方负责管理使用，乙方不得以出租、出借等方式使用印鉴办理该特定账户以外的其他业务。

4. 甲乙双方共同与运输收入专户开户银行协调售票找零兑换和上门收款服务事宜。对不能免费上门收款服务的车站，乙方应按照《铁路运输收入管理规程》的要求，组织好运输收入进款的送存银行工作，所发生的费用由甲方负担。

三、运输收入票据管理

1. 乙方按照铁道部《铁路运输收入票据管理工作规则》及《铁路客货运输票据印制供应管理办法》的相关规定，负责甲方所需铁路运输票据（含上级批准的代收代缴

票据)、报表的订印、供应和管理工作，保证甲方运输生产的需要。

2. 乙方对受托范围内运输收入票据单独建账管理，对票据安全负责。

3. 甲方在乙方指定的地点建立符合铁道部规定的票据库、进款室，配备运输收入管理所需软硬件设备。

4. 甲方承担客、货运输票据及报表印刷费用。

四、运输收入进款管理

1. 委托范围内运输收入进款按照以下流程解缴：窗口收款→车站收入专户→乙方收入专户→甲方运营账户。

2. 乙方应按照铁道部运输收入进款管理的有关规定，确保安全、及时、足额解缴运输进款。

3. 乙方应每月逢 5 日、逢 10 日（月末为最后一日）将受托范围内的运输收入进款汇缴至甲方指定的运营账户。

4. 委托范围内车站窗口、TVM 机售票所需找零备用金，由甲方拨付乙方。

5. 乙方负责管理使用甲方所属车站运输收入进款存放地点（处所）的安全防护设施。甲方车站运输进款保管地点的设备、设施必须符合铁道部安全要求，对安全防护设施不符合要求的，由乙方及时提出整改，整改措施报甲方同意后具体实施，整改费用由甲方负担。

五、运输收入会计核算

1. 乙方应使用铁道部统一的会计软件，对受托范围内运输收入进行单独核算，并按照铁道部《运输收入会计核算规则》和《铁路运输进款清算办法》(铁财〔2005〕16 号）的规定，编制会计报表。

2. 甲方运输收入专户发生的结算费用以及开户银行其他费用由甲方承担。甲方运输收入专户发生的银行利息和运输收入中发生的溢收款等按照规定转甲方列账处理。

3. 乙方对甲方所属车站通过 POS 机、自动售票机售票，发生的电子支付进款按照已结算款处理。

4. 受托范围内各车站每日向乙方报送 18 点统计速报时，应同时抄报甲方，报告方式按国铁现行 18 点报送。

5. 乙方应按照铁道部规定的时间，及时向甲方提报各种运输收入会计报表及相关信息资料。

6. 乙方负责受托范围内运输收入会计档案管理。

六、运输收入审核与稽核

1. 甲方所属车站的“运输进款收支报告”、各种票据、收付款凭证和有关运输收入报表，以及运输收入信息等，均按规定时间报乙方收入管理部门。乙方按照铁道部《铁路运输收入审核工作规则》和《铁路运输收入稽查工作规则》的有关规定，对甲方的各种运输收入票据进行审核，开展运输收入的稽查工作，保证甲方正确核收各种运输费用。

2. 甲方有权对受托范围内乙方的运输收入管理工作进行监督和稽核。

3. 乙方负责甲方车站发生的军事运输费用的计算、列报等工作。本区的军事运输费用由乙方负责办理结算，报部结算的外区军事运输费用由甲方负责向铁道部办理结算。

4. 甲方所属车站必须使用铁道部统一推广的软件进行售制票工作。

5. 甲方所属车站必须使用铁道部、铁路局统一推广的运输进款及票据管理软件，实现票据、进款信息化管理。

七、委托管理服务费用结算

1. 甲方运输收入委托乙方管理，应向乙方支付委托管理服务费。委托管理服务费支付口径、标准和方式，铁道部有规定的，按铁道部规定执行；铁道部没有规定的，由甲乙双方协商确定。

2. 受托范围内发生运输收入多、少交款按铁道部《铁路运输收入会计工作规则》处理；发生进款资金和票据丢失、被盗等运输收入事故，由乙方按照铁道部规定组织调查处理，事故造成的经济损失由责任方负责赔偿。如双方对事故责任方界定有异议的，报请铁道部运输收入主管部门认定执行。

八、本协议作为甲乙双方签订的《京沪高速铁路委托运输管理协议》的附件之一，与《京沪高速铁路委托运输管理协议》具有同等法律效力。

九、本协议一式四份，双方各执两份。各份均具同等法律效力。

甲方：京沪高速铁路股份有限公司（盖章）

法定代表人或授权代表：

乙方：××铁路局（盖章）

法定代表人或授权代表：

年　月　日

附件三　京沪高速铁路股份有限公司文件

关于印发《京沪高速铁路“服务旅客创先争优”服务质量考核奖励办法》的通知

京沪高速综函〔2011〕238号

北京、济南、上海铁路局：

按照铁道部《关于在全路客运窗口广泛开展“服务旅客创先争优”活动的通知》（铁办〔2011〕141号）和《关于新建合资铁路委托运输管理的指导意见》（铁政法〔2011〕149号）文件要求，为认真落实盛光祖部长、胡亚东副部长在全路推进“服务旅客创先争优”活动电视电话会议上的讲话精神，2011年12月14日京沪公司与北京、济南、上海局在北京召开了“京沪高速铁路‘服务旅客创先争优’座谈会”，决定在京沪高速铁路全线开展常态化服务质量联合检查活动。现将《京沪高速铁路“服务旅客创先争优”服务质量考核奖励办法》印发你们。

附件：《京沪高速铁路“服务旅客创先争优”服务质量考核奖励办法》

京沪高速铁路股份有限公司

2011年12月30日

京沪高速铁路“服务旅客创先争优”服务质量考核奖励办法

为切实有效提高京沪高速铁路服务质量，营造创先争优的浓厚氛围，形成“比学赶帮超”的京沪高速铁路服务质量劳动竞赛意识，迅速提高京沪高速铁路服务水平和服务理念，特制定本考核办法。

一、考核领导机构

成立京沪高速铁路服务质量考核领导小组。组长由京沪公司总经理李志义担任，副组长由京沪公司副总经理李兰波、北京局副局长李冰久、济南局常务副局长费东斌、上海局副局长赵峻担任，成员由京沪公司运输营销部、北京局客运处、济南局客运处和上海局客运处组成。

领导小组负责对考核结果进行最终审定，并确定对各单位的相关奖励。

领导小组办公室设在京沪公司运输营销部，并和北京局客运处、济南局客运处和上海局客运处具体负责开展服务质量联合检查活动，检查活动后提出检查总结，半年考核前根据联合检查情况提出考核奖励意见。

二、考核对象

京沪高速铁路服务质量考核的对象是铁路局京沪高铁相关车站和车队的全体班组、路局餐饮公司（配餐中心）相关分公司。

三、考核方式

分为定期考核和不定期考核。定期考核每两个月进行一次，由京沪公司会同相关铁路局联合开展，主要采取检查车站、列车的运输安全管理、服务旅客水平、环境卫生整治、突发事件处置等方面的情况；不定期考核根据铁道部运输局要求或旅客反应强烈的问题，随时进行检查。定期考核和不定期考核的情况共同纳入半年考核奖励意见。

考核采取百分制，按照《京沪高速铁路服务质量考核细则》(另定)，分车站和车队（含乘警和列检人员，下同）进行。车站主要考核旅客进出站安全管理、车站卫生环境、人员服务水平、旅客乘降组织和应急处置能力；车队主要考核旅客上下车安全管理、车上治安管理和卫生环境、动车内外设备状态、人员服务水平、餐饮质量和应急处置能力。

四、奖励规定

公司以每两个月一次的定期服务质量检查为主要依据，每半年组织一次考核奖励，

分车站和车队进行。

按照《京沪高速铁路服务质量考核细则》的加减分办法，每次考核评选出“京沪高速铁路创先争优先进车站”和“京沪高速铁路创先争优先进车队”各5个，分别授予京沪高速铁路创先争优先进车站和先进车队流动红旗一面，并给予10万元奖励；评选餐饮质量优秀单位1个，给予5万元奖励。

关于印发《京沪高速铁路股份有限公司安全生产委员会管理试行办法》的通知

京沪高速安〔2012〕133 号

公司各部门、各指挥部：

现将《京沪高速铁路股份有限公司安全生产委员会管理试行办法》印发你们，请遵照执行。

京沪高速铁路股份有限公司

2012 年 8 月 8 日

京沪高速铁路股份有限公司
安全生产委员会管理试行办法

第一章 总 则

第一条 为加强京沪高速铁路股份有限公司（以下简称公司）安全生产工作的组织领导，落实安全生产管理责任，强化运输安全生产监督管理，确保京沪高速铁路安全持续稳定，根据《中华人民共和国安全生产法》、《中华人民共和国铁路法》、《中华人民共和国消防法》、《铁路运输安全保护条例》、《铁路交通事故应急救援和调查处理条例》、《关于新建合资铁路委托运输管理的指导意见》等有关法律、法规规定，结合公司实行资产管理、委托运输的特点，制定本办法。

第二条 安全生产工作遵循“安全第一”的方针，坚持“预防为主、风险管理”的原则，严格贯彻落实国家、铁道部关于安全生产的法律、法规、政策和标准，实行安全生产工作主要领导负责制和安全生产一票否决制。

第二章　安全生产委员会机构及职责

第三条　公司成立安全生产委员会（简称安委会），统一领导公司安全生产管理工作。

主　任：总经理

副主任：副总经理、总会计师、纪委书记、工会主席、总工程师

成　员：各指挥部常务副指挥长、各部门主任

安委会下设办公室，办公室设在公司安全管理部门，办公室主任由安全质量部主任兼任，负责公司安委会日常工作。

第四条　安委会职责

（一）宣传、贯彻、执行国家、铁道部关于安全生产的法律、法规、规章和相关文件，认真研究解决公司安全生产管理工作中的重大问题。

（二）建立健全公司安全生产管理工作机构；建立健全公司安全生产管理责任制和安全管理工作规章，定期对责任制和规章落实、执行情况进行检查、督办和考核。

（三）根据国家和铁道部安全生产工作规划、目标和要求，结合公司实际制定安全生产目标计划，并组织实施。

（四）依据铁道部有关规定，研究明确委托运输管理协议中公司安全生产管理的职责范围及相关管理办法。

（五）会同铁路局、铁路公安局组织开展安全监督检查，及时消除京沪高速铁路安全隐患，防止安全事故的发生。

（六）建立健全公司重大安全隐患和安全风险源数据库，制定整改和监控措施，并认真组织实施。

（七）研究提出有关京沪高速铁路安全措施的方案和费用，并按照有关程序报批。

（八）当发生安全事故时，会同铁路局等有关单位及时组织抢险，最大限度地减少事故损失，同时按规定时限向铁道部报告事故情况，做好善后工作，参加或协助事故调查处理。

（九）研究批准公司安全生产教育培训制度，并督促落实。

（十）完成铁道部、公司董事会交办的其他事项。

第三章　部门安全生产工作职责

第五条　安全管理部门职责

（一）具体管理和协调公司安全生产工作，履行安全生产综合监督管理职能，承担公司安委会办公室日常工作。

（二）贯彻落实安委会有关决议，组织制定、实施公司安全生产目标计划，落实公司董事会和关于安全生产的规定。

（三）起草公司安全生产管理文件，组织制定、实施公司有关安全生产的管理办法，并检查执行情况。

（四）负责新建工程安全方案的审核；组织有关单位进行风险源评估，建立并管理安全风险源数据库；定期进行安全分析和分类风险控制；建立与路局相关定期的沟通、反馈机制；监督安全隐患的整改。

（五）组织开展安全生产监督检查；按照委托协议，组织对委托方安全管理制度落实情况的检查和考核。

（六）负责定期收集各铁路局安全信息，进行分析整理，总结安全生产中好的做法，进行全线推广；查找存在的问题，提出有关建议，并及时与铁路局进行沟通对接。

（七）参加或协调安全事故的调查处理。

（八）参与对各部门落实安全生产目标管理责任制情况的监督和考核。

第六条 综合管理部门职责

（一）负责公司安全生产宣传的组织工作，报道安全生产先进典型及重大安全生产活动。

（二）组织公司职工开展对有关安全生产方针政策和法律法规的学习，并定期开展全员安全专项培训。

（三）负责公司安全生产监督管理机构设置、人员编制、工作职责的制定与调整工作。

（四）负责对各部门落实安全生产目标管理责任制情况的监督和考核，并将安全生产职责履行情况作为人员晋升、奖惩、考核的重要内容。

（五）组织公司职工健康体检；负责公司劳动防护用品配备和管理工作。

（六）负责安全的分析报告工作。及时了解信息，沟通情况，汇总相关报告，定期向安全运营部门报告工作。

第七条 运营设备维护管理部门职责

（一）将确保京沪高速铁路安全的新技术、新设备、新工艺、新材料的引进和开发纳入公司技术发展规划，并组织实施。

（二）对京沪高速铁路建设中采用的新工艺、新设备、新材料、新技术的运用情况

进行跟踪分析，研究存在问题的解决方案和措施。

（三）组织有关专业大修更新改造技术方案的审查审核工作。

（四）负责办理有关上跨、下穿京沪高速铁路工程及其他影响京沪高速铁路设施设备安全的方案和技术措施的审批。

（五）定期上道检查设备运营状况及了解各铁路局天窗点兑现率和利用率。

（六）参与站房工程改造项目的审批，严格房屋结构、消防设备设施、电路管线的规划审核。

（七）参与有关安全事故调查。

第八条 计划财务管理部门工作职责

根据公司安全生产工作的需要，将公司安全生产监督管理费和安全措施费纳入年度预算，要在预算中和日常资金安排上，对公司更新改造和专项治理项目统筹安排，确保安全的必要投入，并对资金的使用情况进行监督检查。

第九条 物资设备管理部门工作职责

（一）严格执行铁道部有关产品上道认证及准入制度，负责公司特种设备的采购、管理工作，监督检查公司特种设备安全隐患，督促有关单位做好维护管理并对安全隐患进行整治。

（二）负责建立公司特种设备管理台账，按照有关规定进行报检。

（三）组织或参加特种设备安全事故的调查、统计、分析和报告工作；按照有关规定组织或参加公司特种设备事故的应急救援和调查、分析。

第十条 运输营销管理部门工作职责

（一）负责车站内涉及旅客安全的有关设施设备、动车组车厢内安全隐患的监督检查工作，督促有关单位对安全隐患进行整治。

（二）组织或参加车站、动车组安全事故的调查、统计、分析和报告工作；按照有关规定组织或参加车站、动车组安全事故的应急救援和调查、分析。

第十一条 市场开发管理部门工作职责

（一）负责京沪高速铁路车站内各铁路局商业规划的审批。尤其是对改变原设备设施结构进行的商业开发要严格审批程序，把控消防设施设备的状态，确保京沪高速铁路资产安全。

（二）负责有关商业开发范围内的消防、卫生等安全隐患的监督检查工作，督促有关单位对安全隐患进行整治。

第四章 会议制度

第十二条 每季度至少召开一次安委会会议。会议由安委会办公室召集，安委会主任主持，全体安委会成员参加。在主任因事不能参加的情况下，由分管安全的副主任主持。

第十三条 安委会会议主要内容包括：上次安委会提出问题的落实情况，总结上次安委会以来的安全生产工作，查找存在的问题，部署下阶段的安全生产工作；传达贯彻国家和铁道部有关安全生产方面的有关文件和规定，并研究提出公司的贯彻落实措施；对发生的安全隐患和事故按照“四不放过”的原则提出处理意见和建议；对安全生产典型人物和事迹提出表彰和奖励的建议；对各铁路局运输生产中提出的存在问题和事故隐患进行研究，并落实解决问题的措施和方法等。

第十四条 安委会办公室负责会议记录，会议对所议事项以及作出的决定应形成会议纪要。会议纪要应分发与会人员以及事项涉及的有关单位。安委会办公室负责督促、检查、考核会议决议的执行情况并形成记录。

第五章 附 则

第十五条 本办法未尽事项，按国家、铁道部劳动安全部门颁发的有关法律、法规、条例等相关规定执行。

第十六条 本办法由公司安委会办公室负责解释，自公布之日起试行。

关于公布《京沪高铁旅客专项服务实施方案》的通知

京沪高速综函〔2012〕227号

北京、济南、上海铁路局：

依据《铁道部关于做好动车组列车旅客专项服务的指导意见》(铁运函〔2012〕207号）文件要求，为切实提高京沪高铁旅客服务质量，规范京沪高铁VIP商务座旅客服务管理，现将《京沪高铁旅客专项服务实施方案》印发给你们，请参照执行。

附件：京沪高铁旅客专项服务实施方案

京沪高速铁路股份有限公司

2012年12月30日

京沪高铁旅客专项服务实施方案

第一章　总　　则

第一条　为满足旅客需求，提高服务品质，规范服务行为，打造京沪高铁先进一流服务品牌，制定本方案。

第二条　本方案适用于京沪高铁动车组列车，及北京南、天津西、济南西、南京南、上海虹桥站等京沪高铁较大车站。

第二章　服务范围

第三条　车站设独立的VIP贵宾候车区，供商务座及以上旅客免费使用，为商务座旅客提供免费的小食品、饮品、报刊等服务。

第四条 动车组列车为商务座及以上车配置靠垫、防寒毯、耳机、眼罩、小毛巾、鞋套、一次性拖鞋、一次性塑料杯、餐巾纸、牙签等服务用品，提供餐食、饮品、小食品等免费服务。在列车服务时，CRH380AL、CRH380BL型观光区内三个一等座席比照商务座旅客提供服务。

第五条 “G”字头动车组列车为一等座旅客提供饮品、小食品、报刊等免费服务。

第三章 服务费用标准

第六条 商务座旅客人均服务费用标准（含人工费、餐饮食品、服务备品、消耗品、税金）为100元，按车站25元、列车75元分劈。

第七条 “G”字头动车组列车特等座、一等座旅客人均服务费用标准为15元。

第八条 车站和列车所产生的VIP商务座旅客免费服务费用由承担服务的单位垫付，京沪高铁公司按照铁道部清算办法在委托管理费用中单列清算给各铁路局。

第四章 人员配备

第九条 车站VIP贵宾候车区设1~2名专职服务人员，负责VIP贵宾候车区商务座旅客接待服务工作。较大车站可单设VIP客运值班员和VIP专职引导员岗位，负责VIP商务座旅客预约接待服务和进站、候乘及接站引导。

第十条 动车组列车商务座车厢配备1名专职服务人员。

第十一条 动车组列车一等座车（含观光座）各局根据担当车型确定人员配备，对上座率较高的动车组列车，可增设VIP乘务长岗位1名，专门负责商务座、一等座旅客服务协调工作。

第五章 备品配置标准

第十二条 车站VIP贵宾候车区饮品、小食品、报刊配备标准：

1. 饮品：碳酸饮料、矿泉水、果汁、现磨咖啡和不少于四种的茶水（红茶、绿茶、花茶、果茶，可采用预包装茶叶包），配备的饮品可根据季节变化适当调整品种，选配

饮品时，要合理兼顾旅客对无糖饮品的需求。

2. 小食品：主要应选用非油炸类点心、蜜饯类、坚果类等无壳、无核、无皮、无骨的休闲小食品。其中，休闲食品不少于六种、点心不少于两种、糖果不少于两种。

3. 报纸：选用车站当地当天早晚报、人民铁道报、财经类、时事类等报纸不少于四种，并做到定时更换。

4. 杂志：选用时尚类、财经类、文化类、休闲类、保健类、汽车类杂志不少于三种，并做到定期更换。

第十三条 车站 VIP 贵宾候车区服务设施配备标准

1. 配备服务信息系统操作终端，用于旅客服务信息的接收、录入和汇总等。

2. 配备饮水机、咖啡机、果汁机和相应的器皿（瓷杯、玻璃杯、果篮等）、抽取式纸巾、牙签等。

3. 配备相应的报纸和杂志架，方便 VIP 商务座旅客取阅。

4. 配备有线电视，为 VIP 商务座旅客提供新闻、休闲娱乐服务。

5. 配备客票发售系统，为 VIP 商务座旅客提供车票发售、电子客票换票服务。

6. 配备列车到发信息屏，为 VIP 商务座旅客提供及时准确的列车运行信息。

7. 配置无线、有线网络和适当数量电脑、打印机等设备，为 VIP 商务座旅客提供上网和办公服务。

第十四条 列车服务饮品、小食品及餐食配备标准

1. VIP 商务座旅客

饮品：品种有茶水（不少于三种，红茶、绿茶和花茶供旅客选择）、碳酸饮料、矿泉水、果汁、现磨咖啡，配备的饮品可根据季节变化适当调整品种，选备饮品时，要合理兼顾旅客对无糖饮品的需求，茶叶应选用品质较好的，确保服务质量。

小食品：品种主要应选用非油炸类点心、蜜饯类、坚果类等无壳、无核、无皮、无骨的休闲小食品。各种小食品均应独立小包装，并按品类组合，统一包装。

餐食：品种应采用热链和冷链。早餐不少于两种，标准 10 元；正餐不少于三种，标准 45 元（含 1 份速溶汤料）。口味以清淡为主，荤素搭配合理，配有清真餐和素餐。可另行配备单包米饭、面点、菜品、佐餐料包等，以满足有需求的旅客添用。

2. 特等座、一等座旅客

饮品：品种有茶水和小包装碳酸饮料、果汁、矿泉水任选其中一样。茶叶应选用品质较好的，茶水全程供应，确保服务质量。

小食品：品种主要应选用非油炸类点心、蜜饯类、坚果类等无壳、无核、无皮、无

骨的休闲小食品。各种小食品均应独立小包装，并按品类组合，统一包装。

第十五条 商务座车厢服务备品配置标准

服务备品配备数量应根据客流规律，以满足旅客使用，原则上按以下标准进行配备。

（1）靠垫：按定员足数配备。

（2）防寒毯：按 CRH380AL/BL 动车组列车每组 30 条、CRH380A 动车组列车每组 15 条配备，必须用封口良好的塑料袋封装。

（3）鞋套、拖鞋：按 CRH380AL/BL 动车组列车每组 70 套、CRH380A 动车组列车每组 35 套配备。

（4）耳机、耳机海绵套：按 CRH380AL/BL 动车组列车每组 36 幅耳机、80 对耳机海绵套进行配备。

（5）小毛巾：配备足量的小毛巾，并备有小毛巾托架，满足旅客使用需要。

（6）眼罩：按 CRH380AL/BL 动车组列车每组 20 个，CRH380A 动车组列车每组 10 个配备。

（7）一次性航空杯：每组车底应配备足量的一次性航空杯供旅客使用。

（8）旅客就餐时，应配备餐巾纸、牙签等。

（9）商务座卫生间摆设观赏绢花和托盘装洗手液、润肤膏、啫喱水、木梳等服务备品。

第六章 车站服务

第十六条 车站设立 VIP 贵宾候车区，并在售票区域、进站口和候车室内主要通道和关键位置，设置醒目、明确的引导标识，做好 VIP 商务座旅客引导。引导标识统一为“贵宾候车区”，英文名称为“VIP Lounge”。

第十七条 较大车站应创造条件设立 VIP 旅客客服中心，受理 VIP 商务座旅客订票、购票和其他预约服务；在确保规定提供服务满足到位前提下，拓展 VIP 旅客个性化定制服务。

第十八条 车站为 VIP 商务座旅客提供“六专”服务。

1. 专窗售票。车站应根据售票窗口布局，设置 VIP 商务座售票专窗，为 VIP 商务座旅客提供售票、换票服务。

2. 专用车位。在车站落客平台，设 VIP 商务座旅客专用停车车位，供 VIP 商务座

旅客乘车预约停靠。

3. 专检通道。车站要根据布局实际，合理设置 VIP 商务座旅客候乘服务流程。较大车站应设置 VIP 商务座旅客安检专用快速通道，为持票的 VIP 商务座旅客提供快速安检服务，在检票口处要设置 VIP 商务座旅客优先通道的引导标识，为持票的 VIP 商务座旅客提供优先检票服务。

4. 专台接待。车站在候车区域醒目位置设立 VIP 商务座旅客接待服务站（可与总服务台合并设置），负责 VIP 商务座旅客问询和服务引导。

5. 专人引导。较大车站设 VIP 商务座旅客专职引导员岗位，根据 VIP 商务座旅客服务预约请求，由专职引导员在进站口迎候预约旅客，引导 VIP 商务座旅客进站候车。检票时，由专职引导员引导 VIP 商务座旅客走优先通道检票乘车，对 VIP 商务座旅客预约服务请求做好与列车交接。车站免费为 VIP 商务座旅客提供行李搬运服务。

6. 专区候车。配置旅客信息服务终端以及休息、饮食等服务设备，并提供报刊杂志、食品、饮品的免费服务；贵宾候车区为旅客提供无线和有线上网服务。

第七章　列车服务

第十九条　VIP 商务座旅客

1. 列车在始发站，VIP 乘务人员按岗位在车门内立岗迎接 VIP 商务座旅客，致欢迎词，引导旅客到座位。

2. 中途停站时，VIP 乘务人员分别在车门内立岗迎送 VIP 商务座旅客，致欢迎词，引导旅客车厢位置。

3. 为 VIP 商务座旅客赠送小毛巾。

4. 为 VIP 商务座旅客赠送茶水。

5. 为 VIP 商务座旅客赠送饮品、小食品。

6. 中途停站时，在为新上车的 VIP 商务座旅客提供送小毛巾、送茶水、饮品和小食品。

7. 在为中途上车 VIP 商务座旅客送赠品时，同时为车上其他有需求的 VIP 商务座旅客添加热水和饮品。

8. 如中途无停站或停站时间相隔较长时，原则上按 60 分钟间隔标准，为 VIP 商务座旅客进行一次热水或饮品添加。如 VIP 商务座旅客的茶水需要临时添加热水，应及时添加。

9. 用餐服务，为 9：00 前开车的 VIP 商务座旅客提供免费早餐、为 11：00～13：00或 17：00～19：00 期间乘车的 VIP 商务座旅客提供 1 份免费正餐。

第二十条 特等座、一等座旅客

1. 列车在始发站，VIP 乘务人员按岗位在车门内立岗迎接旅客，致欢迎词，引导旅客车厢位置。

2. 中途停站时，VIP 乘务人员分别在车门内立岗迎送旅客，致欢迎词，引导旅客车厢位置。

3. 为特等座、一等座旅客赠送茶水。

4. 为特等座、一等座旅客赠送饮品 1 瓶、小食品 1 份。

5. 在为中途上车的特等座、一等座旅客送赠品时，同时为车上其他旅客的茶水添加热水。

6. 中途无停站或停站时间相隔较长时，原则上按 60 分钟间隔标准，为特等座、一等座旅客的茶水进行一次热水添加。

第二十一条 动车组列车应积极创造条件，开展 VIP 商务座旅客个性化定制服务，根据 VIP 商务座旅客预约请求，做好预约服务和站车交接。

第八章 奖 惩

第二十二条 本方案实施情况纳入京沪高铁“服务旅客创先争优”竞赛活动评比，京沪公司会同相关铁路局每两月组织一次联合检查，每半年组织一次考核奖励。

第二十三条 本方案实施情况同时纳入京沪公司付费管理办法考核，对标准不落实或落实不到位的单位，京沪公司在相关付费清算中视情实施考核。

第九章 附 则

第二十四条 免费服务中所有商品和备品应有“CRH”标记。

第二十五条 本方案由京沪公司负责解释。

第二十六条 本方案自 2013 年 1 月 1 日起施行。

关于印发《京沪高速铁路股份有限公司更新改造计划管理实施办法（试行）》的通知

京沪高速计〔2013〕24号

公司各部门、各指挥部：

现将《京沪高速铁路股份有限公司更新改造计划管理实施办法（试行）》印发给你们，请遵照执行。

京沪高速铁路股份有限公司

2013年6月21日

京沪高速铁路股份有限公司更新改造计划管理实施办法（试行）

第一章　总　　则

第一条　为规范京沪高速铁路股份有限公司（以下简称“公司”）更新改造投资计划管理，提高投资效益，适应公司资产管理和委托运输管理的经营管理机制，依据《铁路运输设施设备更新改造计划管理办法》，结合公司与受托单位签订的相关协议，制定本实施办法（试行）。

第二条　更新改造是公司利用运输设施设备折旧等资金对公司管辖范围内的铁路运输设施设备进行的综合性技术改造和采取的重大技术措施，是提高铁路运输设施设备技术水平，保障铁路运营安全，保证铁路设备持续稳定和良好，改善铁路客运服务品质的重要手段。

第三条　公司更新改造计划，是固定资产投资计划的重要组成部分，按规定纳入铁路固定资产投资规模。

第四条 更新改造规划和计划必须认真贯彻执行国家有关方针政策，符合京沪高速铁路发展战略和公司发展需求，确保运输安全需求，注重统筹利用各种资源，最大限度地提高公司经济效益。

第二章 更新改造范围、资金来源及用途

第五条 更新改造范围

更新改造包括保障运输安全、挖潜扩能、完善技术手段、改善运营环境、设备升级改造、提升服务质量等内容，主要有：

（一）为保证运输设备持续稳定和良好，对公司管辖范围内的铁路运输设施设备（钢轨、道岔、轨枕、道碴、无碴轨道除外）进行的综合性技术改造和采取的技术措施；

（二）建筑物和设备等固定资产的购置或更新；

（三）为提高铁路电气化、机械化、自动化、信息化水平和采用新技术、新工艺、新设备而进行的技术升级改造；

（四）环境保护、劳动保护、节能减排、战备和综合利用原材料等需要添置的设备和相应的土建工程；

（五）为提高客运质量，拓展经营服务范围，用于公司资源开发、促进增收节支而进行的相关设施设备改造或更新；

（六）为保障和改善职工工作及生活条件而进行的生产生活配套设施的改造或建设。

第六条 更新改造资金来源于公司固定资产折旧资金及其他资金。

第七条 更新改造资金主要用途

（一）全路统一安排的更新改造项目

1. 全路统一安排的重大运输安全技术改造措施；

2. 京沪高速铁路本线及相关枢纽技术升级改造重大项目；

3. 与运营相关的设备技术改造；

4. 国家鼓励引导的环保、节能减排项目推广；

5. 铁路总公司确定的技术改造和运输急需项目。

（二）公司安排的更新改造项目

1. 保证运输安全的技术改造措施；

2. 运输设施设备扩能及更新改造；

3. 采用新技术、新工艺、新设备及信息化建设；

4. 用于职工生产生活条件改善等配套设施的改造或建设；

5. 用于公司资源开发的项目；

6. 铁路总公司要求的铁路统一实施的技术改造项目。

（三）公司更新改造投资计划中运输安全项目投资原则上不得低于年度投资计划的20%。

第三章　更新改造计划的决策程序

第八条　公司总经理办公会议研究并确定年度更新改造投资规模和计划建议；董事会或股东大会批准更新改造计划和年度规模；经营层负责按董事会或股东大会批准的年度规模和计划组织实施，定期向股东通报进展情况。

董事会批准的更新改造年度规模原则上不宜突破，如确需调整必须重新提交董事会或股东大会批准后实施。

第九条　单项投资1亿元及以上更新改造项目，按公司程序决策后，按管理权限逐级上报审批；单项投资2 000万元以上（含）1亿元以下（不含）更新改造项目，按管理权限逐级上报备案。

第十条　涉及铁路统一技术政策标准调整，影响运输安全急需完成的更新改造项目，发生自然灾害需立即采取措施复旧以及对于危及行车安全需要立即实施的更新改造项目，公司可先行实施，再按规定履行相关程序。

第四章　更新改造计划编制和审批程序

第十一条　更新改造计划编制原则

根据运输安全要求和公司资产和经营管理需要，建立科学的投入机制，按照轻重缓急、突出重点、综合平衡、统筹兼顾原则编制年度更新改造计划。

第十二条　更新改造计划编制流程

（一）更新改造计划建议可以由公司委托的运输管理单位提议，也可由公司相关业务部门提议。

（二）公司各部门分工

1. 计划财务部：归口管理公司更新改造规划和计划，为公司董事会准备年度更新改造计划规模相关报告资料，经批准后按年度规模管理和安排下达年度实施计划。对需由铁路总公司审批的项目，组织可研性研究和报送相关文件。负责投资审核，监督计划执行，必要时组织项目后评估。

2. 设备维护管理部：负责收集各受托管理单位的更新改造建议，或按分工提报由公司负责组织实施的更新改造建议。对受托管理单位提报的项目负责进行现场核实，审核项目建议书或可行性研究报告，并监督下达计划的项目按批复文件实施。对需由公司审批并由公司直接组织实施的项目，组织可行性研究和审批。组织或参与初步设计（施工图）审查，监督或组织项目实施及竣工验收。对需要先下达立项计划的项目，审核提出立项工作推进安排并负责落实前期工作。

3. 其他业务部门：负责收集各受托管理单位的更新改造建议或按分工提报公司负责实施的更新改造建议，组织现场核实，按照轻重缓急，提出各管理范围的年度更新改造建议，完成审核后提交计划财务部。

（三）计划管理流程

1. 提议：受公司委托管理京沪公司资产的单位和公司各部门，于每年 6 月底前，提报下一年度更新改造计划建议。

2. 受理：设备维护管理部负责受理并汇总各单位各部门提议，进行现场核实，于每年 8 月底前提出建议计划，报公司组织研究。

3. 审核：设备维护管理部负责审核公司管理的更新改造项目可行性研究报告，计划财务部审核投资估算。

计划财务部负责组织铁路总公司统一安排的更新改造项目可行性研究报告和上报。

4. 下达计划：对已完成立项批复和采购审批的项目，计划财务部在年度计划规模内下达实施计划；对未完成批复和采购审批项目的先下达立项前期计划，由相关部门负责组织推进和落实前期工作，满足条件后下达（或调整）实施计划。

5. 实施：受托管理单位和公司按下达计划明确的计划执行单位，负责组织项目实施。公司各相关部门按职责负责监督项目实施情况。计划财务部负责落实更新改造资金并按规定拨付到位，负责竣工后组织固定资产组固和必要的评估。

6. 年终报告：年度更新改造计划实施后，计划财务部为公司董事会准备执行情况专题报告，相关部门配合完成。

第十三条　对于危及行车安全需要立即实施的项目，由各相关部门提议并经公司总经理办公会研究同意后，年度规模内由计划财务部先行下达实施计划或调整计划，再按规定程序补办相关手续。

第五章　更新改造立项前期工作

第十四条　更新改造项目立项前期工作包括项目建议书、可行性研究报告。工程规模较小、技术相对简单的更新改造项目可直接编制可行性研究报告，项目可行性研究报告批复后，可一次进行施工图设计。

更新改造项目建议书和可行性研究报告，由提出项目的单位委托有资质的设计单位编制，对符合招标条件的项目要依法合规组织设计招标，择优选择勘察设计单位。

第十五条　纳入公司立项计划中的更新改造项目在开展前期工作中所发生的费用（含方案设计、评审、咨询等）列入项目概算；未批准实施项目发生的前期工作费用由公司计划财务部在运营成本中列支。

第十六条　项目建议书是研究项目必要性，确定项目主要技术标准和重大建设方案的阶段，批准的项目建议书是启动项目可行性研究等相关手续的依据。

路网性更新改造项目的项目建议书由公司计划财务部组织相关单位编制和初审，经公司总经理办公会同意后，按程序报铁路总公司审批。

公司安排的更新改造项目的项目建议书，受托管理单位提议的项目由公司设备维护管理部组织初审，公司提议的项目由公司设备维护管理部组织相关单位编制。对于技术复杂、单项投资在 2 000 万元以上的项目，应组织专家评审会进行审查，经公司总经理办公会同意后按程序审批。

第十七条　可行性研究报告是项目决策的依据和立项的必要条件。

路网性更新改造项目可行性研究报告由公司计划财务部相关单位编制和初审，经公司总经理办公会同意后，按程序报铁路总公司审批。

公司安排的更新改造项目可行性研究报告由公司委托有资质的单位进行评审，受托单位出具评审意见，经公司总经理办公会同意后，设备维护管理部按程序组织审批。

经批准的更新改造项目可行性研究报告和设计概（预）算是编制年度更新改造计划的依据，未经批复的项目不得安排投资计划，下达计划的项目要保证按期完成。

为加快推进更新改造前期立项工作，经相关业务部门审核公司研究同意后，可先下达更新改造前期立项工作计划。

第六章　更新改造项目的实施

第十八条　更新改造年度计划实施单位要按照公司下达的计划认真执行，保证按期完成，当年未完成投资计划的，次年原则上不调整计划。

第十九条　更新改造项目初步设计（或施工图）是项目招标投标和工程实施的主要依据。计划执行单位要加强项目设计管理和概（预）算审查工作，注重设计质量和投资控制。更新改造项目初步设计（或施工图）可由计划执行单位在批复可研范围内安排勘察设计工作，公司相关部门参与或监督实施。公司直接负责组织实施的项目，可由设备维护管理部负责委托和审查初步设计（或施工图）文件。

初步设计（或施工图）规模和标准应严格控制在已批准的可研之内，初步设计或施工图设计概算突破可行性研究报告批复总投资 10% 的项目，需重新履行报批手续。

路网性更新改造项目初步设计文件由批复可研的单位进行审批。

第二十条　更新改造项目由计划执行单位按建设管理程序组织实施。项目的招标投标、变更设计、清理概算、竣工验收等执行国家和铁路基本建设管理相关规定。项目开工报告由公司委托管理单位按规定审批，公司直接实施的项目由设备维护管理部负责审批。

第七章　监 督 检 查

第二十一条　公司更新改造计划的执行情况由公司计划财务部负责监督检查。

第二十二条　更新改造项目要严格按程序办理，按规定的审批权限批准立项，加强投入产出论证，注重经济效益，严格项目审批程序，杜绝低水平重复建设和投资浪费。

第二十三条　公司设备维护管理部应加强对更新改造实施的监督检查，计划财务部应加强对更新改造项目执行过程中的投资控制，对计划执行情况进行分析，定期向公司总经理办公会或董事会报告。

第二十四条　公司要均衡完成年度更新改造计划，严格按计划下达的建设项目内容组织实施，不得弄虚作假、冒名顶替、随意变更计划内容。

第八章　附　　则

第二十五条　本实施办法由公司计划财务部负责解释。

第二十六条　本实施办法自发布之日起实行。

关于印发《京沪高速铁路股份有限公司运输设备大修管理实施办法（试行）》的通知

京沪高速计〔2013〕27 号

各部门，各指挥部（办事处）：

根据《铁路运输企业固定资产管理办法》(铁财〔2005〕235 号)、《铁路运输设备大修管理办法》(铁财〔2011〕198 号)、《铁路运输企业成本费用管理核算规程》、《京沪高速铁路委托运输管理协议》等有关文件精神，结合京沪高速铁路运营实际，制定《京沪高速铁路股份有限公司运输设备大修管理实施办法（试行)》，现印发给你们，请遵照执行。

京沪高速铁路股份有限公司

2013 年 8 月 7 日

京沪高速铁路股份有限公司运输设备大修管理实施办法（试行）

第一章　总　　则

第一条　根据《铁路运输企业固定资产管理办法》(铁财〔2005〕235 号)、《铁路运输设备大修管理办法》(铁财〔2011〕198 号)、《铁路运输企业成本费用管理核算规程》、《京沪高速铁路委托运输管理协议》等，为加强京沪高速铁路股份有限公司（以下简称“公司”）在委托运输管理机制下的固定资产大修管理，履行公司资产管理的职能，结合与受托管理单位签订的相关协议，特制定本办法。

第二条　大修具有维持简单再生产性质，是为恢复和改善原有固定资产的性能和生产能力，按照检修周期和设备状态有计划地进行整治或周期性大修所发生的经济行为。

大修支出作为铁路运输成本费用的组成部分，应符合成本费用管理的有关规定和要求。

第三条 大修是保证设备安全的必要手段，是保证设备寿命周期正常状态的重要基础。大修管理必须坚持安全优先、服务安全的原则。

第四条 大修的管理要严格执行中国铁路总公司运输设备大修管理相关规定，履行公司决策程序，科学、合理确定大修项目，加强大修全过程管理，提高设备修理质量和大修支出效益，保证大修支出真实、规范、合理、有效。

第二章 大修范围

第五条 按照铁路总公司各专业大修规程（修理规则等）明确的大修范围执行。主要包括下列项目：

（一）线路大修，包括成段更换新钢轨、道砟、轨道板和成组更换道岔等。

（二）为消除病害对桥梁、隧道进行的大修（包括换梁及梁、墩基础加固，隧道衬砌和铺底等），路基病害整治。

（三）动车组（含电务车载设备）三级及以上修，工务作业车辆等大修。

（四）电气化铁路牵引供电变电设备和接触网设备及接触网作业车辆等大修。

（五）信号设备大修。

（六）通信设备中的通信线路、漏泄电缆和通信杆塔等大修。

（七）电力、给水设备大修。

（八）房屋及建筑物设备、高空作业车大修。

（九）机械动力设备大修。

（十）客运服务设备大修。

（十一）信息设备大修。

（十二）防灾设备大修。

（十三）风声屏障大修。

（十四）防护栅栏等相关设备大修。

第六条 符合《铁路运输企业成本费用管理核算规程》范围的自然灾害复旧项目，比照大修项目管理。

第三章 大修计划管理程序

第七条 公司计划财务部负责归口管理年度大修计划建议的编制、下达和调整。

第八条　大修计划建议。

1. 于每年8月底前，受托铁路局提出次年大修计划建议，具体说明大修项目安排的地点、理由、方案、规模、标准、工作量及费用估算，函送公司。

对单项支出在100万元及以上且技术复杂的大修项目，在提报计划建议的同时报送可行性研究报告。

2. 公司各业务部门提出所分管的大修计划建议。

3. 公司计划财务部会同业务部门根据运输设备大修周期及设施设备质量状态，结合公司经营目标，组织提出公司大修计划建议审核意见。

第九条　公司总经理办公会议研究并确定年度大修计划建议，纳入年度经营预算，报请公司董事会批准。

第十条　下达大修计划。

根据公司董事会批准的经营预算和公司批准的可行性研究报告，下达公司年度大修实施计划。

第十一条　大修计划的调整。

于每年6月、10月中旬前按上述提报计划建议的流程编制当年大修计划调整建议，按公司决策程序审定后下达年度大修调整实施计划。

第四章　大修定额管理

第十二条　大修实行单价和概（预）算两种定额管理方式。动车组高级修，大型养路机械、接触网作业车辆等实行费用单价管理方式。其他设备大修项目原则上实行概（预）算管理方式，执行设备所在地铁路局大修设计概（预）算编制管理办法。

第五章　大修计划项目实施

第十三条　大修计划原则上由受托单位组织实施。

第十四条　大修计划实施单位的过程管理按设备所在地铁路局大修项目管理有关文件执行。

第十五条　公司设备管理部负责大修项目实施过程监督，审批可行性研究报告，监督受托单位大修项目的执行情况。

第十六条　公司计划财务部负责按大修计划拨付预付款，依据审核结果办理结算。

第六章　附　　则

第十七条　大修计划实施后，受托铁路局将计划实施情况函报公司备案。

第十八条　本办法自发文之日起执行。由公司计划财务部负责解释。

后　记

京沪高速铁路2008年1月国务院批准开工（南京大胜关长江大桥及南京枢纽相关工程2006年7月批准开工），经过三年半的建设于2011年6月30日全线开通，至今，又经历三年半的安全运营。七年来，京沪高速铁路以一流的工程质量、一流的运营管理、显著的社会和经济效益，赢得了人们的交口称赞，当之无愧地成为中国高速铁路的代表性工程。

为做好京沪高速铁路的建设总结，在建设过程中，京沪高速铁路建设领导小组办公室做了大量准备工作。2012年4月，铁道部党组书记、部长盛光祖同志主持会议，听取情况汇报，对建设总结工作进行研究部署，明确要求：一是建设总结由京沪高速铁路股份有限公司负责组织，二是总结增加《京沪高速铁路建设总结·运营卷》，以完整地反映京沪高速铁路建设和开通运营效果，进一步论证京沪高速铁路建设的必要和决策的正确。在书稿编写过程中，盛光祖同志多次过问进展情况，提出要求。在全书编辑完成之际，他又亲自为建设总结撰写了序言。

京沪高速铁路股份有限公司高度重视建设总结工作。在中国铁路总公司领导下，成立了《京沪高速铁路建设总结》编写组，由原铁道部副部长、京沪高速铁路股份有限公司原董事长蔡庆华任组长，京沪高速铁路股份有限公司领导参加，联合西南交通大学和中国铁道科学研究院完成了总结前三卷（决策卷、建设卷、技术卷）的编写工作。京沪高速铁路股份有限公司专家组的同志参加了前三卷的资料搜集、书稿审阅修改工作，公司的有关同志积极参与组织协调和书稿审查工作。

《京沪高速铁路建设总结·运营卷》主要是总结京沪高速铁路开通运营后，在委托运输管理模式下，京沪高速铁路股份有限公司根据公司董事会的要求做好资产管理、运输监管和安全监督，与铁路局协同一致努力建设标准示范线的工作情况。该卷由京沪高速铁路股份有限公司组稿，蔡庆华同志主持，李兰波同志牵头，赵非、胡彬华、蒋学斌、王俊峰、侯日根、房泰林等同志分别执笔，公司综合部、计划财务部、运输管理部、安全监督部、设备管理部和实业开发公司（筹备组）的有关同志参与搜集和整理资料，完成了书稿。崔喜利同志提供了相关图片。京沪高速铁路股份有限公司董事长吴强和总经理徐海锋同志分别审阅书稿、完善相关内容。蔡庆华同志对书稿做了审定，王礼尧和高旭同志做了大量协调和联络工作。

中国铁路总公司领导对《京沪高速铁路建设总结·运营卷》编写给予了指导，总公司有关部门的同志和北京铁路局、济南铁路局、上海铁路局、中国中铁电气化局集团公司的同志，对《京沪高速铁路建设总结·运营卷》编写给予了帮助与支持，在此一并表示感谢！

由于京沪高速铁路投入运营才三年多时间，尤其是在实行委托运输这一新型管理模式下，相关制度还在不断建立、修改、完善之中，工作还需进一步磨合，所以难免还有遗漏和不准确之处，敬请谅解并提出宝贵意见。

《京沪高速铁路建设总结》编写组

《京沪高速铁路建设总结》
编辑出版小组

组　　长　田京芬　钟加栋

组　　员　（按姓氏笔画）

丁国平　王风雨　许士杰　吴　军　张苍松

武亚雯　金洪泽　赵　静　洪学英　傅希刚

熊安春